尊厳ある介護

尊厳ある介護

「根拠あるケア」が認知症介護を変える

里村佳子
Yoshiko Satomura

岩波書店

はじめに　正しく理解して寄り添えば、認知症の症状は緩和される

一九九七年、私が未知の分野である福祉介護の道を歩み始めた時代には、認知症を「痴呆」や「ボケ」などと呼んでいました。

認知症の人は社会の片隅で身を潜め、在宅や精神病院などで拘束、あるいは薬漬けにされてきました。その尊厳は不当に扱われ、虐待すれすれの不適切なケアが公然と行われていたのです。

二〇余年後の今、高齢化はさらに進行し、私たちにとって認知症はますます身近な問題となっています。もはや社会は、認知症の問題から目を背けることはできなくなりました。

認知症の治療は進んではいますが、一部の例外を除き、根本的な治療方法は確立していません。多くの介護者は認知症の人とよい関係を保とうと試行錯誤しています。しかし、その決定的な方法はなかなか見つからず、苦労を重ねているのが現状です。

介護現場では、経験や勘に基づいて認知症ケアをしているところがほとんどで、そうした根拠のない介護方法は、うまくいったりいかなかったりと、バラツキを生じさせています。ケアがうまくいかずに認知症の人が不安を抱くと、妄想や暴言などとして表れて、介護者を悩ませます。

まずお伝えしたいのは、認知症になったら何もかもわからなくなるというわけではない、とい

うことです。関わり方次第で、落ち着きを取り戻すことができるのです。

ところが、私たちは多くの場合、認知症の人を無理やり自分たちの価値観に当てはめようとして、苦しめていることを知ろうとしていないのです。

認知症の人を正しく理解して寄り添えば、その症状は緩和されます。

けれども、「寄り添う」と言うと、「それは理想だ。そんな余裕はない」という意見が出るという体験を、私は何度もしてきました。

しかし実際には、寄り添うケアができれば、介護の手間と時間は減少し、本人や介護者のストレスも軽くなるのです。その具体的な寄り添い方を知らない人が少なくないのです。

「寄り添う」とは、認知症の人を変えようとしないで、介護者の方が近づき、そのありのままを受け入れることです。そうすると、無視されていたその人の自尊感情は高まり、尊厳が回復するのです。さらに、尊厳を認めてくれた介護者に認知症の人から近づいてくれます。

そして、認知症の人の尊厳は、私たちの尊厳と無関係ではありません。

私は認知症ケアを通して、認知症の人の尊厳が守られるのであれば、社会的弱者だけでなく、私自身の尊厳も脅かされないことに気づきました。

そんな思いから、これまでの体験や試みから得た、守られるべき認知症の人の尊厳についての実践や知識を、この一冊にいっぱい詰め込みました。

認知症で苦しんでいる当事者やご家族、介護従事者のみなさまの福音となることを祈りながら。

目　次

目　次

＊この本に登場する事例は、個人が特定されないよう倫理的配慮をしており、お名前はすべて仮名です。

第1章

認知症を正しく理解するために

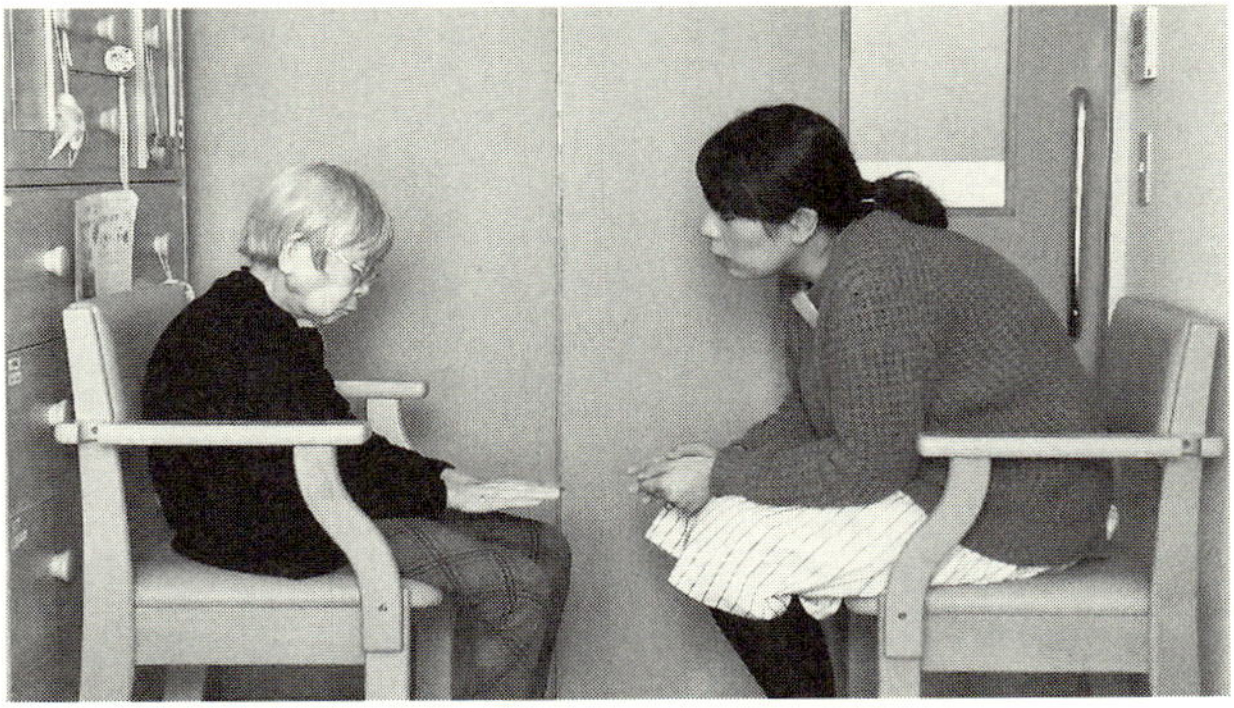

利用者の話を傾聴するスタッフ(著者提供)

この本は7章に分かれていて、各章の項一回が読み切りになっています。

どの章からお読み下さっても結構ですが、できれば最初に第1章にお目通しいただき、それから興味のあるところへ移っていただければと思います。認知症という病気について正しく知ることで、認知症の人に対する理解が深まるからです。

第1章では、認知症とはどんな病気なのか、原因疾患である四大認知症と呼ばれる「アルツハイマー型認知症」「脳血管性認知症」「レビー小体型認知症」「前頭側頭型認知症」、そして「若年性認知症」の特徴と、それぞれのタイプ別の関わり方について書いています。

認知症の人は、脳の障害によって、記憶障害や時間・場所・人物がわからなくなる見当識障害、思考力や判断力の低下、物事の手順がわからなくなる実行機能障害といった中核症状が生じます。

それに、身体の不調・不適切な環境やケア・不安・ストレスが加わると、不安感・焦燥感・被害感・妄想などの心理症状が表れたり、徘徊・暴言・暴力・不潔行為などの行動症状が出現したりするのです。

そして、多くの場合、介護者が最も悩むのはこの行動・心理症状についてなのですが、実は適切なケアをすれば改善することもあると知っていただきたいと思います。

１．認知症は注意深い介護で改善できる

症状が和らぐケアとは

認知症は、脳の器質的な障害によって生じる症候群のことで、記憶力や判断力、実行能力や会話能力などの知的能力が、高齢を含む後天的な障害で低下する病態です。社会的に支障をきたすようになって初めて「認知症」と呼びます。

認知症の初期診断はとても重要です。早めに認知症と診断された場合は、進行を遅らせるさまざまな対応が可能となります。

本人や家族からの問診が診断方法の中心なので、本人の生活上の変化、たとえばきれい好きな人が入浴をしなくなったなど、ちょっとした変化を日常的に記録しておくと役立ちます。

この他の検査方法として、血液や尿検査、ＣＴやＭＲＩ検査、ＨＤＳ-Ｒ（改訂長谷川式簡易知能評価スケール）などがあります。

認知症の症状は大きく二つに分類されます。

一つは、**中核症状と呼ばれる病気としての症状で、記憶障害、日時や場所や人物がわからなくなる見当識障害、理解・判断力の低下、行動するための手順がわからなくなって実行できなくなる実行機能障害など**のことです。

もう一つは、**行動・心理症状**（ＢＰＳＤ）**と呼ばれる、病気に伴う周辺症状**です。これは、**不安・焦燥、徘徊、興奮・暴力、せん妄、幻覚・妄想、不潔行為、抑うつ状態などの症状**となって現れます。ＢＰＳＤは出る人と出ない人がおり、認知症介護での悩みのもとになります。

アルツハイマー型認知症、脳血管性認知症、レビー小体型認知症、前頭側頭型認知症という四つが症例数の上位を占めていますが、他にも認知症はあります。全快する可能性のある認知症もあるのです。慢性硬膜下血腫、正常圧水頭症、甲状腺機能低下症、ビタミン欠乏症、体調不良などがそれにあたります。また、頭部外傷、脳梗塞、脳炎の場合、その後遺症として認知症を発症することもあります。

では、**どのようなケアをすれば症状が和らぎ、場合によっては改善するのでしょうか。**

まず認知症の原因からお話ししましょう。

認知症を悪化させる一次要因は、最初に書いたように脳の障害です。しかし同時に、水分不足、便秘、発熱、病気、栄養不良、薬の副作用といった身体的要因や、不安、孤独、ストレス、無為などの心理的要因も大きく関わっています。音がうるさい、光が強すぎる、住み慣れた家を離れ入院したり、施設に入所する場合や、慣れていた介護者から他の人に変わるといった環境的要因も症状を増悪させることがあります。

裏返して言えば、**身体的要因、心理的要因、環境的要因に注意すると症状は和らぐ**のです。中核症状は脳のダメージなので、医学的な改善は困難ですが、本人にとっても介護者にとってももつらいＢＰＳＤは、適切なケアを行えば改善できないわけではありません。
つまり、**悪化させる要因を取り除けばいい**のです。

水を飲むだけで症状緩和も

簡単なことなのに効果が高いのは、一日一五〇〇㎖(水分制限のある人は除く)を目安とした水分補給です。高齢者はトイレに行くのを嫌がって脱水傾向にあります。脱水になると意識レベルが低下し、認知症が悪化することがあります。ボーッとしてもうろう状態にある高齢者に水を飲んでいただくだけで、しっかり受け答えができるようになったことは度々あります。

さらに、バランスの良い食事を摂っていただき、便秘をしないこと。脳と腸は密接に関係しているので便秘は大敵です。そして、薬の副作用や隠れた病気がないかをチェックします。不安や孤独にならないために、認知症の人が気持を表せるようよく話を聞くことも重要です。

行動を抑制したり、否定しない。**認知症の人のありのままを受容し変えようとしない**。人生の先輩として敬い、プライドを傷つけるような幼児言葉やタメ口は慎まなければなりません。

また、ストレスを与えないよう環境全般に気を配る必要があります。落ち着いて過ごせるよう大きな音をたてない。昼間はなるべく太陽光を浴び、夕方からはオレンジ色(電球色)のライトが良いと言われています。こうしたこともＢＰＳＤへの対応策なのです。

施設入所であれば、ベッドの傍に家族の写真やなじみの物を置くなどして、環境の変化を最小限度にする工夫は大切です。

認知症の人はコミュニケーション能力が低下しているので、自分の気持や考えを伝えられず、常にストレスを受けています。

そして、**ＢＰＳＤを悪化させる一つの要因は、症状ばかりを見て、その人を見ようとしない私たち介護する側にある**ことも忘れてはなりません。

2. 感情に働きかけるケアが介護を変える

認知症には個別ケアが必要

認知症の人を介護して悩まされるのは、1でも述べた不安・焦燥、徘徊、興奮・暴力、せん妄、幻覚・妄想、不潔行為、抑うつ状態などの行動・心理症状（ＢＰＳＤ）です。

しかし、**ＢＰＳＤは身体面・心理面・環境面を整えれば改善する**ことがあります。そのため、認知症の人の生活歴、価値観、性格、職業、趣味嗜好、家族構成、既往歴などを知ることが実はとても大切なのです。

たとえば、暴言や暴力のある認知症の人の場合、認知症になったからそのような症状が出たのか、それとも、もともと気が短くてふだんから暴言や暴力があったのか。もしＢＰＳＤならば、改善する可能性があります。同様に、もともと神経質できちょうめんな人が認知症になると、ますます不安感が強まることも大いにあるでしょう。そのように、一人ひとりの背景を知って理解しなければ、ＢＰＳＤには対処できません。

私は**認知症の人には個別ケアが必要**だと考えています。ところが、介護現場ではスタッフ不足が深刻な問題となっており、個別ケアは利用者一人ひとりに時間がかかってしまうから現実的には不可能だと、施設の経営者やスタッフから言われることがあります。

しかし、ほんとうに個別ケアをすると時間を取られるのでしょうか。
認知症の人の個別性を把握して、その人にとってストレスがかからないようなケアをすると、心も身体も安定します。それだけでなく、その人との信頼関係が生まれます。また、それぞれの身体面と行動パターンを把握することにもなるので、転倒などを含む事故予防にもつながります。**結果として、個々の人にかける時間は短縮する**のです。

では、記憶障害があっていいことも悪いことも忘れてしまう認知症の人と、どのようにしたら信頼関係を築くことができるのでしょうか。

そのために**重要なのは、感情に働きかけるケアをすること**です。特にアルツハイマー型認知症の人は、記憶をつかさどる海馬と言われる脳の領域に委縮が目立ち、記憶障害が起こるのですが、扁桃体という感情をつかさどる器官で感情は記憶していると言われています。

だから、認知症の人が嫌がることはしない、できないことはさせない、自信が持てるように働きかけて、認知症の人にポジティブな感情を持っていただくようにケアをします。

お気づきのことと思いますが、これは私たちの人間関係一般にも通じることです。

一日一五分程度の傾聴で介護が楽に

専門的トレーニングが必要ではありますが、一五分程度の傾聴(身を入れて話を聞く)は、とても効果的です。**ここで言う傾聴とは、認知症の人と視線や呼吸を合わせ、自由に感情を表出してもら**

い、それに共感することです。助言したり意見を言ったりはしません。

たとえば、「さびしい」と言われれば「さびしいのですね」と共感し、「何かさびしいことがありましたか」などと尋ねて感情を深めるのです。そのように話しかけると、認知症の人は限りなく話をしてしまって、一五分では終わらないのではないかと思われるかもしれません。だいじょうぶ、心配ありません。息つぎの時など終わりのサインがあるので、それを見逃さないことです。むしろ、時間が長くなるとこちらの集中が切れて雑談になってしまいます。

一日一五分程度であれば、工夫をすれば確保できることでしょう。認知症の人がスタッフにいい感情を持つことで落ち着き、それによってスタッフの気持が楽になると、認知症の人の気持も楽になります。そう、お互いの気持は鏡のように反映されるのです。

いくら人生の大半が人や物質に恵まれていたとしても、人生の最後のステージが孤独だったら、人は幸せだったと思いながら自分の生涯を閉じることができるでしょうか。

私たちの働きは、高齢者の人生の夕暮れ時に、ケアを通して光となることができます。そんな意義のある深い仕事なのです。

3.「物盗られ妄想」がほんとうに訴えていること

いちばん親しい人が犯人に

「恥ずかしい話ですが、娘が私の留守に家に入って、服やカーテンを盗っていくのです」

こう打ち明けてきたのは、施設の近所に住んでいる草本和江さん(90歳)でした。

「私は主人を早くに亡くし、一人で娘を育ててきました。娘に不自由な思いをさせないように、重労働もいとわず男の人と混じって働いてきました。それなのに、娘は私の物を盗るのです。昨夜も寝ないで、娘が家に来ないように見張っていましたが、いつのまにか寝間着を盗って行ったのです。娘に電話をして返してほしいというと、寝間着など知らないとウソをつくのです」と、目を腫らして話されました。

実は、草本さんは認知症があり、娘さんが物を盗ると言われたのは、初めてではありません。この時は、「家にいると娘が物を盗るので、施設に泊めてもらえないでしょうか。私が施設に入ると、きっと娘は喜ぶでしょう。私はあんな娘ですがかわいいのです」と、宿泊を頼んできました。

施設に泊まるにしても娘さんの承諾がいることを草本さんにお伝えしたところ、不承不承でしたが納得されました。

それから数日後、今度は娘さんから電話がありました。「母が、毎晩電話をかけてきて盗ってもいない物を返せと迫るので、おちおち夜も眠れず困っています」と、か細い声で言われました。娘さんに「物を盗られたという人は、いちばんよく世話をしてくれる介護者を、犯人にすることが多いのですよ」と話しました。

物盗られ妄想の相談をいろいろ受けましたが、ほんとうにいちばん親しい人ほど犯人にされてしまいがちなのです。さらに、草本さんから施設入所の依頼があったことを伝えると、娘さんは安堵された様子でした。

家族支援は、私たちの大切な役割です。介護の悩みを聞く場合、まずは介護者を慰労し、「一人で介護を抱えず一緒に考えていきましょう」と伝えるようにしています。

そして、まもなく草本さんは、施設に入所することになりました。数日間は、娘から盗られることがなくなってよかった、と喜んでいた草本さんですが、今度は介護スタッフが部屋に入って物を盗っていくと訴え始めたのです。

介護スタッフは、草本さんの話を否定せずに傾聴することにしました。草本さんは、物を盗られた怒りを話すだけ話すと、自分がいかに苦労して生きてきたかについて語られます。このようなことが、三日にあげずありました。

スタッフへの気づかいが訴えを減らした

ところが、ある時を境に、草本さんからの物が盗られたという訴えが少なくなったのです。

それは、施設に新しく入居された利用者が、古くからいる人たちが自分の悪口を言っていると思い込み、大きな声で口論になった事件があってからのことでした。

その後も、その新しい利用者は他の人たちと諍《いさか》いが絶えません。介護スタッフはどのように関われば落ち着かれるのかと、試行錯誤をしていました。

そんなスタッフの姿を見ていた草本さんが、「あんたたちを私のことで煩わせてはいけんからね」と言って、物を盗られた訴えを控えるようになったのです。

苦労をされてきた草本さんは、苦労しているスタッフを見て、気づかってくれたのです。

これは、私たちにとっては想定していなかったことでした。

人生を盗られたという思い

物盗られ妄想は、改善しないわけではありませんが、犯人や頻度が変わりながら継続することが多いのです。消滅する時は、認知症が重度になって、こちらの声かけにも反応せず、自分の中に引きこもるようになった場合です。

そこまで認知症が進んだ利用者と接すると、物を盗られたと訴えていた頃の方が生き生きしていたと、懐かしく思ったことが何度もありました。

高齢になると時間がいっぱいできます。そこでこれまでの自分を振り返るようになるのです。

人生を肯定できず、やり直したい過去や、やり残した課題がある認知症の人は、その失った時や人や物を盗られたと訴えられているように、私には聞こえるのです。

4. 社会的ルールを守れなくなった理由

認知症とは見えなくても

近所の雑貨店の人が施設に来られ、湯元瑠璃子と書いた紙を見せて言いました。

「この人は、こちらの施設の利用者ではありませんか?」

お店の人は興奮していたので「何かありました」と聞くと、「このところ毎日、湯元さんがうちの店に来て、**お金を払わないで物を持って帰る**のです」と、早口で言いました。

認知症だろうと思って大目に見ていたそうですが、今日はカバンに花を入れて立ち去ろうとしたところを、「住所と名前を教えて」と、湯元さんに尋ねたそうです。

すると、おどおどして明らかにウソと思われる住所と名前を答えました。

「お客さんがすぐそこの施設に出入りしているのを見て知っています。ほんとうの住所と名前をこの紙に書いて」と、お店の人は私たちの施設を指さして言ったそうです。

湯元さんは、渡された紙に実際の住所と名前を書いたので、お店の人は、この人は認知症ではないと思われた様子でした。

それで困って、私たちの施設に来られたのです。

私はお店の人にお詫びし、「何かあったらすぐに連絡して下さい」と、協力をお願いしました。

お店の人が帰った後、「ほんとうにお金を払わないで、花を持ち帰ろうとしたのですか」と湯元さんに聞くと、うつむいて口を一文字に閉じて、何もおっしゃいません。

どうして偽名を使ったのかと確認したかったのですが、それ以上とても聞けませんでした。

その後、このことを近くに住んでいる娘さんに連絡しました。さぞかし驚かれることだろうと案じましたが、冷静に受け止めて言われました。

「迷惑をかけたお店に今度お詫びに行きます」

湯元瑠璃子さん(74歳)は、お連れ合いを亡くされて一人暮らしでした。私たちのサービスを利用する前は、家に閉じこもって食事も取れない状態でした。

娘さんが心配して仕事を休んで一緒に受診をしたところ、**軽度のアルツハイマー型認知症と診断されました**。それから介護サービスを利用するようになり、もともと社交的なのか、お友達もできてみるみる元気になりました。

不安と寂しさを買い物で埋める

湯元さんは、身体的には自立されています。おしゃべりが好きで多趣味です。物忘れはありますが、生活する上で支障があるほどではありませんでした。

しかし、**夫に先立たれた不安と寂しさを買い物で埋めていた**のです。欲しい物があるとお金がなくても手に入れたいという欲求を抑えきれず、衝動的な行為に走ったのでした。

それを見つかりお店の人にとがめられて、悪いことをしてしまったとついウソをついてしまったのではないでしょうか。

つまり、認知症になったことで病識がなく、理解力や判断力が低下し、自分の行動に抑制が効かなくなっていたのです。

お店の人も悩んだように、**身体的に自立している認知症の人は、少し接しただけではそうとわかりません。**だから、**社会的なルールを守れない理由が、実は認知症に起因していることも伝わりにくい**のです。

その後、娘さんはお店に行って謝罪をされました。湯元さんの気持も時間を取って聞き、注意もしたそうです。そして、今後同じことを繰り返さないために、介護サービスをもっと利用したいとケアマネジャーに依頼されました。湯元さんが寂しがらないよう、なるべく一人でいる時間を少なくするためです。

また、私たちも、困ったことがないか湯元さんに声をかける協力をすることにしました。

それ以降、湯元さんはお金を支払わずに、買い物をすることはなくなりました。

ところがある日、食べきれないほどのおやつを買っている湯元さんをお見かけしたので、「何か困ったことはありませんか」と、声をかけました。

すると、少し考えて人懐っこい笑顔を見せて言われました。

「買いすぎたから、あなたも食べる?」

5. 脳血管性認知症は感情の起伏が激しい

激高するのも病ゆえとわかっていたならば

小島松江さん(79歳)は、脳梗塞をした後から物忘れが始まり、脳血管性認知症と診断されました。幸いなことに、認知症以外には目立った後遺症はなく、身の回りのことは自立して行い、一人で暮らしていらっしゃいました。

ところが、買い物に行って転倒し、お店の人に連れて帰ってもらうことが度重なったので、息子さん夫婦と同居することとなりました。小島さんは、息子さんとお嫁さんとの結婚に反対されていて、お嫁さんとの仲はうまくいっていませんでした。

同居してまもなく、小島さんが鍋をこがし火事になりかけました。そのことがあって息子さんはガスの元栓を閉めたので、小島さんは食事の支度を自分ですることができなくなりました。

そこで、二階に住んでいる息子さんが、夫婦のキッチンで作った食事を一階の小島さんの部屋へ運んでいました。

もともと小島さんは感情の起伏が激しい人でしたが、脳血管性認知症をわずらってから、ますますその傾向が強まりました。にこにこしていたかと思うと、急に怒り出したり泣き出したり、息子さんもその感情の変化の理由がわからず、大きな声をあげることがしばしばありました。

脳血管性認知症の特徴として、ささいなことで感情をあらわにする感情障害があります。

息子さんは、小島さんの感情の急変が、脳血管性認知症から来ている可能性があることを理解されていませんでした。もし、それをわかっていたら、もう少し気持に余裕ができて、小島さんに対する関わり方も変わっていたかもしれません。

近くにいる娘さんが心配して、度々小島さんを訪ねていました。ある日、小島さんは「二階に小さな子どもがいる。嫁が私に隠れて自分の子どもを住まわせている。お腹を空かせているみたいなので、何か食べ物を持って行ってほしい」と、娘さんに真顔で言われたそうです。

娘さんは、半信半疑で二階をのぞきましたが、そんな子どもがいるはずもありません。

息子さん夫婦には子どもがいません。息子さんは若い頃から病弱で、年を重ねてから結婚されました。お嫁さんは再婚で、前夫との間に子どもがいましたが、すでに成人して遠方にいらっしゃいます。

別の日には、「お嫁さんが三人いて次々と家にやって来る。今度のお嫁さんは、白いワンピースを着ていてかわいい」と娘さんに言われたそうです。

その後も小島さんは、お嫁さんが自分の服を盗って着ているなどと言われたため、とうとう息子さんは在宅での介護を断念し、小島さんは施設入所となりました。

認知症の人は、変化に弱くストレスを受けやすいので、食事作りなどの役割の喪失や家族との確執が、小島さんの幻視や妄想につながったのかもしれません。

問われる絆

施設入所をしてからの小島さんは感情障害こそありましたが、息子さん夫婦と同居をしていた時にあったような、いるはずのない子どもや三人のお嫁さんが見えたりするようなことはありませんでした。

息子さん夫婦は、小島さんの施設に一度も面会に行きませんでした。

小島さんが久々に息子さんと会えたのは、息子さんの葬儀の日でした。今までこらえてきた悲しみを吐き出すかのように小島さんは泣き崩れましたが、息子さんのために涙したのはその時限りと聞いています。

人生最後のステージを、自宅で家族と暮らしたいと願うのは自然なことです。しかし、在宅で要介護状態になって家族のサポートが必要となった時、これまでの家族との絆を問われるような気がしています。

6. 過去に苦悩するレビー小体型認知症の人

レビー小体型認知症の特徴

認知症はその原因によってさまざまな種類に分かれます。代表的な認知症は、アルツハイマー型認知症、脳血管性認知症、レビー小体型認知症、前頭側頭型認知症で、四大認知症と呼ばれています。

佐藤友子さん(85歳)はレビー小体型認知症です。**レビー小体型認知症の特徴は、幻視、パーキンソン症状、寝ているときに大声を出したり歩きまわったりするレム睡眠行動障害の出現など**があります。

佐藤さんに関わって半年経った頃、急に事務所に来られて申し訳なさそうに「実は、私には子どもがいて、一緒に住んでいるの。今まで隠していてごめんなさい」と言って、バスタオルにくるんだ人形を見せてくれました。

「名前は、はるちゃん」と愛おしそうに言われる佐藤さん。食事をあげているせいか、口元が汚れています。何と答えていいのか言葉が見つかりませんでした。

佐藤さんが、仲良くなって信頼した相手にだけ、はるちゃんを紹介することを知ったのは、ずいぶん時間が経ってからです。

それから数か月後、夕方に佐藤さんの自宅を訪問した時、台所の方から叫び声が聞こえてきました。

急いで行ってみると、佐藤さんが壁にぶつかりながら走り回っているのでした。驚いて「どうしたのですか」と尋ねると、「男が刃物を持って襲って来た」と言われるのです。その日は一緒にいて、安心されたのを確認して帰ることにしました。

ある日は「天井に虫がわいているので取ってほしい」と訴えられます。何度も天井を見上げて調べるのですが、虫は見当たりません。

「ごめんなさい。私には虫を取ることができません。虫がいると不安ですか」と、聞くと悲しそうな顔をされました。

そして、自分の過去について話し始めたのです。結婚して女の子を二人授かったけれど、火事で自分一人が生き残ったこと。再婚したが結婚生活がうまくいかず、つらかったこと。そんな話を次々と語ってくれる姿に、私は、あの人形に秘めた佐藤さんの思いの一端がわかったような気がしました。

人生の未解決問題が噴き出す

その後、佐藤さんは不眠と幻視のため受診され、薬が処方されるようになりました。レビー小体型認知症は、服薬の調整が難しく、症状が悪化する場合があります。

佐藤さんは、もともと小刻み歩行だったこともあって、ますます歩行状態が不安定になり、何度も転倒を繰り返すようになりました。また、幻視も増悪しました。ついに、転倒による入院がきっかけで、特別養護老人ホームに入所することとなりました。

多くの認知症の人と関わって考えることがあります。

認知症になって知的能力が低下すると、今まで抑えていた人生の未解決の課題が認知症の行動・心理症状（BPSD）となって表れる場合があるのではないかと。

そうだとすれば、絡み合った過去の課題を一緒に解きほぐしたいと思うのです。

7．周到な見守りが必要な前頭側頭型認知症の人

毎食おむすびとバナナ

前田康二さん（73歳）は、奥様に先立たれ一人暮らしでした。

毎朝近くのスーパーに行って、おむすびとバナナを買い、毎食これを食べます。冷蔵庫には、賞味期限の切れたおむすびとバナナがいっぱい詰まっています。昼からは、お気に入りの車を運転して老人集会所に行かれます。それを日課として生活されていました。

二、三年前から、度々家の塀や壁に車をぶつけるようになり、近くにいる息子さんが免許を返納するよう説得しましたが、かたくなに拒否されていました。心配になった息子さんが相談センターを訪れたのです。

相談員が前田さんを訪問し、「車を運転できなくなると、困ることがありますか」と尋ねたところ「毎日ドライブをして老人集会所に行くことが楽しみなので、運転できなくなると行けなくなるから」という答えでした。

さらに、「最近車を家の壁にぶつけたそうですが。息子さんが心配されていますよ」とお話しをすると、「今まで、人身事故のような大きな事故を起こしたことはない」と言われます。

「いつも同じ物を食べていては栄養が偏るのではないですか」と聞いても「毎月病院に行って

血液検査をしているが、どこも悪いところはない」というお返事です。

相談員はそれ以上話を続けることができず、すごすごと帰りました。

それから何の進展もなく数か月が過ぎていきました。ある日、相談員に息子さんから、とうとう前田さんが近所の壁に車をぶつけてしまったと連絡がありました。息子さんと相談員は車の修理はせずに廃車にし、前田さんに認知症専門の病院に受診をしていただくよう説得しようということで一致しました。

説得の末、しぶしぶですが前田さんは病院に行き、前頭側頭型認知症と診断されました。

本人の生活ペースをなるべく崩さない

前頭側頭型認知症の特徴は、他人への配慮の欠落、社会的問題行動、決まった行動を繰り返す「常同行動」、食行動異常、自発性の低下などがあります。おむすびとバナナを次々と買ってしまうのは、前頭側頭型認知症らしい行動と言えるでしょう。

対応の注意点として、常同行動を妨げない、なるべく本人の生活のペースを崩さないようにすることなどがあります。プロの介護者であっても、専門知識と多くの配慮を必要とします。

免許の更新時、前田さんは医師や息子さんの助言もあって更新をされませんでした。

相談員は、前田さんが老人集会所に行く楽しみを失ったので、その代わりにデイサービス(日帰り送迎付きで施設に通い、食事や入浴、機能訓練などのサービスの提供を受ける)を勧めました。送迎をしてもらい、そこで食事をすれば、栄養面の心配も解消できるし、生活のはりになるのではと考えたからです。

前田さんは何度かデイサービスを利用されましたが、送迎に行っても、その時間に自宅にいらっしゃらないことが多くあり、とうとうサービスは中止になりました。

相談員は何度も自宅を訪問しましたが、前田さんは今の生活で満足していると言われ、何も変えることはできませんでした。

そこで、食事は息子さんが仕事の休みの日に作り、一緒に食べるようにしました。けれども、息子さんの作った食事を前田さんが食べなくても強制はしないよう気づかいました。

そして、一人で暮らせなくなるまで、できるだけ環境を変えないように支援をすることになったのです。

その後、久々に息子さんとお会いした時、「父を自宅に引き取りました」と報告がありました。「さぞかし大変でしょう」と心配すると、意外にも「相変わらずマイペースですが、嫁や孫に囲まれ機嫌よく暮らしています」と明るく言われました。

あらためて、家族の介護力に頭が下がる思いがしました。

8. 早期発見が難しい若年性認知症

うつや統合失調症などに誤診されやすい

認知症は高齢者だけの病気ではありません。年齢が上がるにつれ有病率は高くなりますが、若くても発症します。一八歳以上六五歳未満で発症する、若年性認知症です。

二〇一〇年から二年間、私は広島県若年性認知症対策検討ワーキング会議のメンバーとして、若年性認知症の実態調査を、アンケートと面接で行いました。その調査の経験から、**一般的に発表されているデータより、実際は若年性認知症の人はもっと多いのではないかと推測**しています。

なぜなら、本人、家族、医療関係者などが若年性認知症の理解に乏しく、異常なし、うつ病、統合失調症、心気症などとして診断されている人が多かったからです。また、面接した人の中には病院を何か所もまわり、やっと若年性認知症の診断を受けた人が何人もいました。

若年性認知症は、高齢者の認知症より進行が早いと言われています。早期に発見すると治療も支援方法も幅が広がりますが、後手に回ると、本人や家族の苦しみがますます深まります。

さらに、若年性認知症の場合は、本人が家計の大黒柱であることが多く、経済的な問題が重く家族にのしかかります。子どもが未成年の場合は、さらに教育、就職、結婚などにも大きく影響を与えます。配偶者が介護する場合、配偶者も仕事が十分にできなくなるので、身体的、精神的、経済的、社会的にも大きな負担となり、若年性ゆえの悩みを抱えているのです。

最初に症状に気づくのは家族が多く、続いて本人、職場の人でした。

気づいた症状は「物忘れ」が多く、言ったことや聞いたことをすぐに忘れる、約束や物の置き場所を忘れるといったことです。

その他に「行動の変化」では、道に迷う、家事ができなくなった、車の運転が下手になった、お金の計算ができなくなった、「性格の変化」では短気になった、消極的になったなど。「言葉の変化」では、何度も同じことを言う、言葉遣いが乱暴になった、言葉がでてこないなどが挙げられます。「その他」として、日にちや時間がわからなくなったなどもありました。

高齢者にも通じることですが、若年性認知症の人の中には、現役で仕事をしている人も多く、職場での度重なるミスが原因で認知症の発見につながった人もいます。

早期受診が大切ですが、本人の同意が難しく、家族が苦労されていました。**「認知症みたいなので病院に行こう」と言うと本人のプライドが傷つきます。**家族が「健康が心配なので一緒に病院に行こう」と本人を説得すると、比較的抵抗感なく受診につながったというアンケート結果がありました。

どうしても拒否される場合は、家族だけで医療機関を訪ねて相談したり、持病で通院中であれば、かかりつけ医に専門医を紹介してもらう方法もあります。

まだまだ不十分な支援体制

告知については、本人も何かおかしいと不安に感じておられることを念頭に置く必要があります。告知により、今の状態が自分のせいではなく、病気によって引き起こされていると理解し、治療に前向きになる人もいらっしゃいます。

その一方で、本人、家族がなかなか病気を受け入れることができない場合もあります。告知を受ける際には、本人の性格や家族の理解度、告知後のサポート体制が重要になります。しかし、介護保険などは高齢者が対象なので若年性認知症の人のニーズに合ったサービス自体が少ないのが現状です。

そのため、私たちのデイサービスでは若年性認知症の人を利用者としてではなく、ボランティアとして受け入れようと試みました。しかし、残念なことに、本人が高齢者の中にいることに対し違和感を持ち、うまくいきませんでした。

少し前に私たちと同様の取り組みをしているデイサービスをテレビで見ましたが、そこでは若年性認知症の人がデイサービスになじんでボランティアや就労をしていたので、あきらめずにチャレンジしていきたいと考えています。

若年性認知症の人は、年々増加しています。**今の制度では、若年性認知症の人を支えようとすれば、家族に負担を強いることになってしまうのです。**もっと社会資源を増やし、若年性認知症に対しての知識と理解が深まるよう願っています。

9. 周囲を癒す多幸的な認知症の人

脳の異変が原因だが、家族の支えも大きい

「澄子さん、お茶を飲んで。お菓子もあるよ」

上田勝さん(78歳)は、デイサービスの利用時に下田澄子さん(88歳)のお世話をしてくれます。下田さんは重度の認知症なのでコミュニケーションが取れません。話しかけると、あいまいで意味不明な言葉が返ってくることもありますが、いつもはにこにこと笑っていらっしゃいます。

認知症になると、一方的に周囲の人に苦労や忍耐、手間をかけるばかりだという思い込みがあったのですが、**下田さんは、なぜかいるだけで利用者やスタッフの心をあたたかくします。**

初めて下田さんのご自宅を訪問した時、お部屋にはベッドが二つ並べてありました。別の部屋もあるのですが、ご主人が「心配なので一緒の部屋で過ごしている」と言われました。

ご主人はしっかりされていますが、要介護状態です。隣に住んでいる息子さん夫婦が、お二人の介護をされています。

朝、下田さんのご自宅にデイサービスのスタッフがお迎えに行くと、いつもお嫁さんが仕度をしてご一緒に玄関の前で待っていて下さいます。スタッフは声をかけながら手引き歩行をして、車に乗っていただきます。お嫁さんは「行ってらっしゃい」と手を振って見送ってくれます。

時々、笑顔がくもっていて、お疲れではないかと思うことがありましたが。

デイサービスに着いて、いつもの席に座っていただくと、下田さんはスタッフがお声をかけないかぎり、ずーっとずーっと、そのままにこにこされています。

ある時、口をもぐもぐされているのを発見したスタッフが、あわてて口を開けて見るとティッシュが入っていました。それから、下田さんのテーブルには何も置かないように気をつけるようになりました。食事、入浴、トイレと、すべてにおいて声かけと介助は必要ですが、拒否されることがないので、時間はかかりますが、スムーズにいきます。

認知症の行動・心理症状(BPSD)に、多幸感というのがあります。文字通り幸せを多く感じるので、本人は幸せそのものだと思うのですが、医学的な理解は違うようです。**精神疾患や認知症などによる脳の病的な異変によって、理由もないのに気分が高揚する感情障害・気分障害**です。

多幸的であることのリスクは、衝動的になったり、多弁、病識の欠如、周囲への配慮の欠如がありますが、病識の欠如を除いて、下田さんにはそのようなことはありませんでした。

それでも、ご家族の介護負担は大きいと思われました。下田さんが多幸的なのは、脳の病的な異変に起因しているのかもしれませんが、ご家族の支えなくしては考えられません。

私は、**認知症になっても誰かの気持を癒すことができる**のだと下田さんから教わりました。

どうすればそんな認知症になれるのか、もともと温和な性格なのか、お嫁さんにお聞きしましたが、にこにこ笑ってあいまいな言葉しか返ってきませんでした。

10. フランスで保険適用から外された認知症治療薬

効果への疑問、高い副作用リスク

フランスでは、二〇一八年八月から、抗認知症薬ドネペジル（商品名アリセプト）、リバスチグミン（同イクセロン、リバスタッチ）、ガランタミン（同レミニール）、メマンチン（同メマリー）が医療保険の対象から外されたそうです。

その理由について、フランス保健省は、短期の使用で認知機能の軽度な改善を示すデータはある一方、長期の有用性を示す証拠がない、重い副作用や他の薬との相互作用がある、としています。

このニュースを新聞報道などで知り、私の今までの疑義が晴れました。思い返せば、一九九九年にアリセプトが発売された当初、私の周囲でも、物忘れのある高齢者の多くにこの薬が処方されていました。

その後リバスチグミン、ガランタミン、メマンチンが発売され、私たちは、根治薬となるのではないかと期待を膨らませたのですが、失望に終わりました。

私がどうしてこれらの薬に疑義を抱いたかというと、**介護の現場で多くの利用者と接した体験から、エビデンス（根拠）を持ってその効果を説明できる事例があまりなかった**からです。

もちろん、すべての認知症の人に有効性を感じなかったわけではありません。

横井久江さん(85歳)は、夫に先立たれた後、アルツハイマー型認知症になりました。身の周りのことは自立しており、その場での会話も成り立つのですが、「親戚や近所の人が私の家に来ては大切な物を盗って帰る」などと訴えるようになりました。そんなことから、親しくしていた人たちが横井さんの元から去っていき、一人暮らしが難しくなって施設に入所したのです。

入所してからは「物を盗られることがなくなった」と、落ち着いた生活をしていました。ところが、ただ一人心を許していた友人が施設を訪れた時、「どうして私の上着を盗ったの」と、強い口調で責めたのです。

その友人は、横井さんを心配してこまめに訪問してくれていたのですが、体調を崩して、久々の面会でした。

「横井さんが物を盗られたと言うのは何度も聞いていたけど、まさか私が対象になるなんて」と、友人はショックを隠せませんでした。しかも、その盗られたという上着は友人がプレゼントした物だったそうです。

その時から友人の訪問は減り、横井さんは部屋に閉じこもって、ぼんやりとしている時間が多くなりました。声をかけても会話はかみ合いません。

看護師が医師に相談したところ、アリセプトが増量されました。その結果、以前のように会話ができるようになっただけでなく、共用スペースで他の利用者と過ごすことが多くなりました。

それはよかったのですが、今度は他の利用者のささいな言動に腹を立て、イライラするようになりました。スタッフは気長に様子を見ていましたが、治まらないので再度医師に状態の変化を報告しました。アリセプトの量が減らされ、一時的ではありますがイライラ状態は軽減しました。

介護など非薬物療法の重要性が増す

アリセプトの副作用として興奮しやすくなったり、易怒性や攻撃性といった症状を呈することがあります。

認知症の人が自分の体調の変化を的確に話すことは難しいので、服薬効果や副作用について傍にいる介護者が医師に的確に伝えることが大切です。とはいえ、当人ではないので、どうしても服薬調整や効果測定が難しくなります。

フランスは、認知症の治療を薬物療法から介護や包括的ケアなどの非薬物療法に転換しました。東京都医学総合研究所などの研究によると、日本では、八五歳以上の一七％が抗認知症薬を処方されており、まだまだ薬物療法に重点が置かれています。

副作用のリスクを考えると、抗認知症薬を処方された後も、医師に有効性を細かく評価してもらう必要があります。

これから日本でも、そう遠くない日に薬物療法を見直す時期がやってくるように思います。いよいよ、私たちが介護の質と専門性を問われるのです。

コラム1　いつまでも自分の口から食事を摂るための口腔ケア

私たちの施設では、口腔ケアをとても大切にしています。最後まで自分の口で食事を摂れるようケアすることは、利用者の人生を豊かにすると考えているからです。

口腔内を清潔にして体全体を健康にすることは、虫歯や歯周病を防ぐだけではありません。

第一に、認知症予防になります。

歯がほとんどなくて、入れ歯なども装着していない人ほど、認知症になるリスクが高いというデータがあります。歯がないと食べ物を嚙めなくなりますが、嚙むことは脳に良い刺激を与えるので、歯を維持することは認知症予防になるのです。

第二に、誤嚥《ごえん》性肺炎の予防になります。

高齢者の死亡原因の上位にある誤嚥性肺炎は、食道に行くべき食物や唾液が誤って気管に入り、肺に流れ込んだ細菌が繁殖することで起こる肺炎です。誤嚥した物に多くの細菌が含まれないように口腔内を清潔に保つことは、とても重要です。

第三に、嚥下能力の低下を予防します。

加齢とともに嚥下機能も確実に低下します。すると、誤嚥や食べ物を喉に詰まらせたりする原因になります。口腔体操などを継続して行うことは効果的です。

第四に、糖尿病や心臓病などの予防になります。歯周病があるとこれらの病気になるリスクが上がると言われています。口腔ケアで歯周病を予防することが可能です。

以上の観点から、食後の口腔ケアだけでなく、利用者が安全に、またおいしく食べられるよう、昼食前にも口腔体操を実施しています。

それでは、参考のために口腔体操のやり方を簡単に説明します。

1. 深呼吸を三回
2. 首を上下、左右にそれぞれ三回倒す
3. 肩を上げたり下げたりを三回
4. 舌を前に出したり引っ込めたりを三回
5. 舌で、左右の口角に交互に触れるを三回
6. 舌で、上唇と下唇に交互に触れるを三回
7. 口を大きく開けて、しっかり閉じるを三回
8. 唇を突き出して「ウー」と言い、横に引いて「イー」と言うを三回
9. 頬を大きく膨らませて、へこませるを三回
10. 大きな声で「パタカラ」と、発声練習を五回
11. 深呼吸を三回

口腔体操は、高齢の利用者だけが対象ではありません。

実は私も、四〇歳を過ぎた頃から食事中に咳き込むようになりました。初めは気に留めていなかったのですが、そんな状態が続いたので、食べ物を飲み込む力が低下したのだと認めざるを得なくなりました。

そこで、入浴時やテレビを見ながら口腔体操をするようにしたところ、今では咳き込むことはほとんどなくなりました。

口腔体操を行うのは食事前がいいのですが、忙しい人は空いた時間にできる範囲でチャレンジして下さい。「パタカラ」と、食事前に発声練習をするだけでもしないよりはましです。

このような日頃の小さな努力の積み重ねが、健康に、そして自分らしく生きることにつながるのです。私は、いまでは日夜口腔体操に励んでいます。

そして、この体操は口や頬の筋肉を鍛えるので、小顔にもなるのではないかとひそかに期待しているのです。

第2章 認知症の人との関わり方

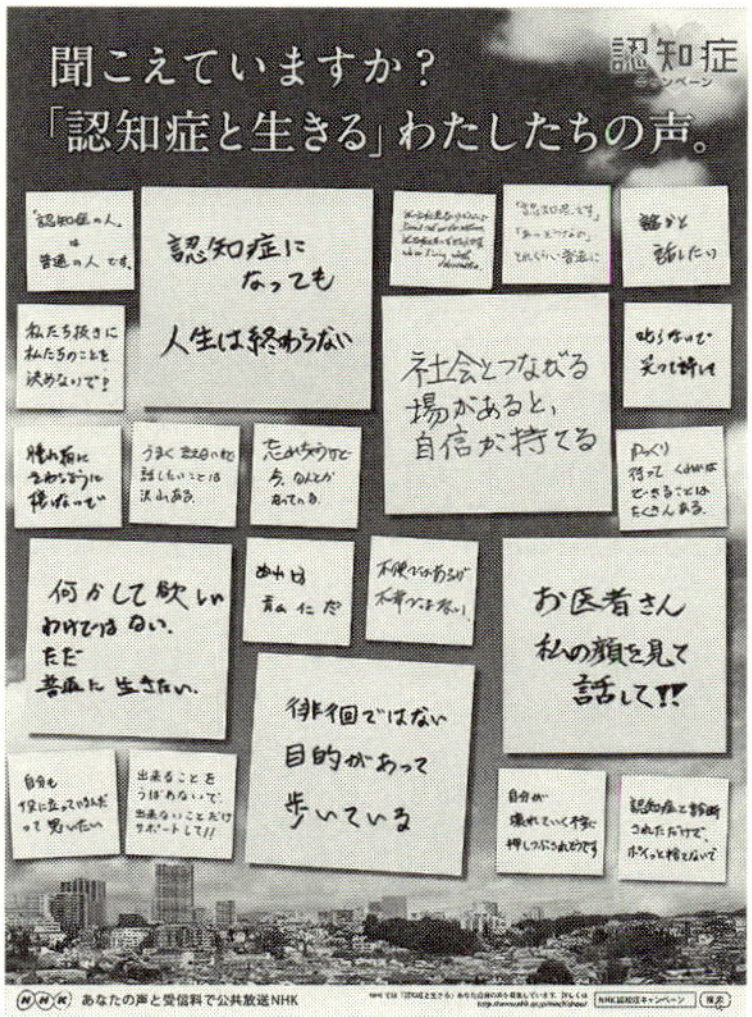

NHK 認知症キャンペーンポスター

1. ウソは見抜かれている
2. 認知症の人がほんとうに探している物
3. 負の感情が引き起こす行動は受容によって解決することも
4. 重度の認知症でも「コーヒーですか？ 紅茶ですか？」と聞く意味
5. 人にはずっと、誰かの役に立ちたいという思いがある
6. 夕暮れ症候群が現れたら
7. きちんと名前を呼ぶことは個別ケアの第一歩
8. 感情を引き出した非言語のコミュニケーション
9. 抑え込んできた過去の表出が認知症の人の重荷を降ろす
10. 適切な言葉づかいが尊厳を守る

第2章では、自己決定が困難になった認知症の人の尊厳とは何か、また、認知症の人の自尊感情が高まるよう関わるにはどうすればいいのかについて書いています。

これまで長い間、認知症の人は、人格が破壊され何もできなくなるという偏見と誤解によって、人として尊ばれる権利を失っていました。しかし、認知症になったら、ほんとうに何もわからなくなるのでしょうか。

むしろ、私たちが認知症の症状ばかりに気を取られていることで、「認知症という病気を抱えた人」であるという視点を忘れて、当事者を「何もできない人」にしてしまっているのではないでしょうか。

私は、多くの利用者と触れ合った経験から、認知症になってコミュニケーションができなくなっても、プライドや感情は残っていることを知りました。

認知症の人の尊厳を守ることとは、決して大上段に構えることではないのです。

それは、自分の思いや考えを表現できなくなって、不安や苦悩を抱えている認知症の人の食事や入浴や排せつなど、日々の介護の中にあるのですから。

1．ウソは見抜かれている

ウソで取りつくろい、信頼を失う

山本幸雄さん(80歳)は、認知症になって昼夜が逆転し、一晩中起きていてお酒やおやつを飲食されます。そのため、夜はヘルパーさんと家族が交代で山本さんの部屋に泊まり、昼間はデイサービスを利用することとなりました。

しかし、山本さんはデイサービスに行くのを嫌がられます。朝迎えに行くと、ヘルパーさんが泊まった翌朝は特に不機嫌で、なかなかデイサービスの車に乗ってくれないのです。家族の時はしぶしぶ出かけられますが、やっと施設に来られても「帰りたい」を連発されます。

ある日いつものように山本さんが、「早く家に帰してくれ。母親が病気なので心配だ。傍にいてやらないと」とスタッフを呼び止めて言われました。もちろん、とうの昔に山本さんの母親は亡くなられています。スタッフは「それは心配ですね。お母さんの病状を電話して聞いてみますね」と言って電話をかけに行くふりをして、その場から離れました。

そして、戻って来て「お母さんは、お元気でしたよ。私のことは心配しないで、デイサービスでゆっくりして帰りなさい、と言われましたよ」と山本さんに伝えました。

いつもなら、「そうか」と、いったん帰宅願望が収まることもあるのですが、その時に限って

「母親は、もうこの世にはおらん。ここのスタッフはウソをつくのか。スタッフの教育がなっとらん」と激怒されました。私たちスタッフは、信頼を失ったのです。

その後、山本さんの帰宅願望はますます強まり、ことあるごとに「ここのスタッフは信用ならん」と語気を強めて言われ続けました。山本さんは、自分から母親が病気だと言ったのですが、一方では、母親がすでに亡くなっているということを認識されていたのです。

認知症の人は、時と場所や人がわからなくなる見当識障害が表れる場合があります。山本さんは過去に戻ったり、覚醒したりしながら現在を生きているのです。

まだ認知症を「痴呆」と言っていた時代のこと、私たちは帰宅願望の強い人に対して、内線電話で家族のふりをして「施設にいて下さい」と説得していたこともあります。認知症の人は家族の声がわからないだろうと、甘く見ていたのです。

今でもこのような対応をしている施設もあるかもしれません。

家族に介護の疲れが出ないよう、デイサービスにいてもらうためには、ウソをつくのはしかたがなかったのです。恥ずかしいことですが、当時の私たちの認知症の人への理解と対応方法はその程度のものだったのです。

その気持に、まず共感を示す

山本さんのことがあって、私は、認知症の人に対して理由は何であったとしても、ウソをついたりごまかしたりしないと決心しました。**いったん信頼を失うと、その後の関わりに支障をきたすと身に沁みてわかったからです。**

山本さんは、初めは嫌がられていましたが、悪性の腫瘍が見つかるまでのかなりの期間、デイサービスを利用されました。「家に帰りたい」と言われた時は、まずはその思いに共感し、帰りたい気持の背景を傾聴するようにしました。

そんな取り組みが功を奏したのでしょう。時間はかかりましたが、少しずつ信頼関係は回復したのです。

そして、山本さんは認知症がだんだん進行し会話は難しくなりましたが、以前のような「帰りたい」はなくなり、「ありがとう」と言われるようになりました。その眼差しも、すべてを見抜いてありのままを受け入れている慈愛に満ちたものになっていきました。

2. 認知症の人がほんとうに探している物

印鑑を見つけたら犯人に

宮本明子さん(79歳)は、ヘルパーに家事援助を頼んで一人暮らしを継続されていました。ある時を境に、宮本さんからケアマネジャーに「ヘルパーが野菜をこっそり持って帰る」と苦情があったので、ヘルパーの利用は中止となりました。そのため、一人での生活が困難になった宮本さんは、ケアマネジャーの紹介で施設に入所されることとなりました。

入所してしばらくしてから、宮本さんは通帳をなくされ、銀行で再発行の手続きをされました。続いて居室のカギが見当たらない、財布をなくしたなどと事務所に来て言われるため、その都度スタッフが居室を訪問して、一緒に探し物をしていました。探し物は見つかることもあれば、見つからないこともあります。

ある日印鑑がないと言われたため、私が居室を訪問し、宮本さんと一緒に印鑑を探しました。結構な時間を費やして探しても印鑑は見つかりません。これほど探しても見当たらないとしたら、意外なところにあるのかもしれないと考え、宮本さんの許可を得て、トイレを見せていただくことにしました。

トイレはきれいに清掃されていました。掃除用のバケツが置いてあり、雑巾がバケツの縁にかけてありました。何気なくのぞくと、雑巾の下にビニール袋に入った印鑑が見えました。これで宮本さんが安心してくれるとうれしくなった私は、「こんなところにありましたよ！」と興奮して宮本さんを呼びました。宮本さんもトイレから印鑑が出てきたのには驚いた様子でしたが、「ありがとう。よかった」と喜ばれていました。

印鑑は大切な物なので、なるべく人目につかないところにしまっておこうと、宮本さんが隠してそれを忘れてしまったのだろうと考えて、私はたいして気にとめていませんでした。

ところがその数日後、スタッフから「宮本さんが、里村さんは自分をこの施設から追い出そうとしていやがらせをする。この間も印鑑がないと思ったら、あの人が居室に来てトイレのバケツの中から印鑑を見つけた。あんなところから印鑑を探し出せるのは隠した本人だからだ、と言われていました」と、報告がありました。

印鑑を見つけて宮本さんに喜んでもらえたと能天気に嬉しがっていた私は、その言葉に打ちひしがれました。でもよく考えると、宮本さんが自分で印鑑を隠したことを忘れているとしたら、トイレのバケツのようなところから印鑑を見つけ出せるのは隠した当人だと、私を疑うのも無理もないと思い始めたのです。

何度も物をなくす宮本さんにとって、スタッフがなくした物を見つけると、置き場所を忘れてしまう自分に原因があると認めることになるのだと、私は気づいたのです。

何度も物をなくす背後には

それからも宮本さんは次々といろいろな物がないと言われ、一緒に探し物をするのですが、私は探し物を見つけても、「こちらを探してください。私はあちらを探します」と言って本人が見つけられるよう工夫をしました。そうすれば、宮本さんがスタッフに迷惑をかけたなどと気をつかわなくていいと考えたからです。

その後、宮本さんはアルツハイマー型認知症と診断され、物がなくなったという症状から物が盗られたという症状へと訴えは変わりました。その頃からますます体調は悪くなり、ついに入院となりました。

入院後、宮本さんは事情があって施設にあまり来られない娘さんに、かなりの金額を援助していたという噂を耳にしました。

いつも探し物をしていた宮本さん。ほんとうに見つけたかったのは、娘さんの自分に対する愛情の証だったのかもしれません。

3．負の感情が引き起こす行動は受容によって解決することも

認知症の人自身が答えを持っている

絵手紙教室のある日は、グループホーム利用者、江島洋子さん（83歳）が、朝から介護スタッフに何度も尋ねます。「絵手紙の先生は何時に来るの？」と。

江島さんは認知症があるので聞いたことをすぐに忘れますが、昔趣味で絵を習っていたこともあり、絵手紙が得意なのです。

その日は、最近参加し始めた石山美津さん（85歳）ほか数名の利用者が、先生の指導のもと絵手紙を書いていました。

絵手紙教室が終わって介護スタッフが片付けをしていると、石山さんが「自分の書いた絵手紙がない」と半泣きで言われました。みんなでごみ箱まで探しましたが見つかりませんでした。

それから少したって、介護スタッフが江島さんのお部屋に掃除に入ったとき、机の上に「美津」と名前の入った石山さんの絵手紙を発見したのです。

江島さんに「この絵手紙は石山さんの物なので返しましょう」と言うと、「違う。私の絵手紙です」と強く拒否されたそうです。

その後その介護スタッフから「江島さんは石山さんの絵手紙を何枚も持っています。江島さん

はたくさん絵手紙を持っているので、石山さんの絵手紙を一枚返してあげてもわからないと思うのですが」と相談がありました。

私は、「たとえば、私の部屋に石山さんの絵手紙があったら、私の承諾なしに石山さんに返しますか?」と介護スタッフに尋ねました。

「いいえ、そんなことはしません。おそらく何らかの理由があって石山さんの絵手紙が里村さんの部屋にあると思うからです。でも、石山さんは今でもなくなった絵手紙を探しています。それを江島さんが持っているのに放っておくのでしょうか」と、介護スタッフは困った表情で言いました。

そこで、「**利用者のことで悩んだり迷ったりしたら、当事者である利用者に聞くことにしています**。たいていの場合答えは利用者が持っているから」と話しました。

そして、答えを聞くために江島さんの部屋を訪ねました。少しの間たあいもない雑談をしていましたが、江島さんがうれしそうに絵手紙を持ち出して、それぞれの作品に込めた思いと苦労を語りながら、一枚一枚私に見せ始めたのです。

私はそれを共感しながら聞いていました。人に見せたくなるような素敵な作品ばかりです。その中に、色の使い方が絶妙な石山さんの絵手紙もありました。

そこで「この絵手紙には「美津」と名前が書いてありますが」と江島さんに聞いてみました。するど意外なことに「これは石山さんの物なので返してあげて下さい」と江島さんが差し出されたのです。

それを受け取った私は介護スタッフにこの絵手紙を渡し、石山さんには「江島さんから預かった」と言って絵手紙を返すように伝えました。石山さんが喜んだのは言うまでもありません。

誤った対応は信頼を損なう

どうして急に江島さんが石山さんの絵手紙を返す気持になったのか、ほんとうのところはわかりません。

江島さんは認知症なので、石山さんの絵手紙を自分の物だと勘違いして、それに気づいたので返すことにしたのかもしれません。

しかし私は、江島さんに石山さんの作品が自分より優れているのではないかという、ネガティブな感情があるのではないかと推察したのです。

表出されないでいる負の感情は、受容されたり共感されることで解消することがあります。そこで、江島さんと個別の時間を持ったのです。

その結果、自分の作品に対する思いと苦労を受け入れられたと思った江島さんは、石山さんの絵手紙を必要としなくなったのではないかと思うのです。

「認知症の人だからわからないのでは」と思うと、本人の承諾なしに絵手紙を部屋から持ち出すといった誤った対応をしてしまう可能性が私たちにはあります。

誤った対応は信頼を損ないます。失われた信頼は、認知症の不安、興奮、暴言、徘徊、妄想など別の形で表れることがないとはいえません。

そのようにならないためにも、認知症の人であろうとなかろうと、関わり方に違いがないよう心掛けているのです。

4. 重度の認知症でも「コーヒーですか？紅茶ですか？」と聞く意味

「みんな揃ってコーヒー」の罠

訪問から帰ったケアマネジャーが暗い顔をして言いました。

「担当していた川本安美さん(83歳)が入所した施設を訪ねてみました。驚いたことに、施設で借りた服を着て髪を短く刈り上げ、別人のようになっていたのです。川本さんはそんなことを気にかけている風もなく、車いすで動き回りいろんな人に話しかけていましたが」

川本さんは、認知症が進んで一人暮らしが難しくなりました。子どもがいないので、担当のケアマネジャーは、親戚の人と一緒に嫌がる本人を説得して、施設を探しました。経済的に困窮しているために施設選びは困難でしたが、ようやく入所できたのです。

金銭的に余裕のない認知症の人にとって、施設選びはもとより、服や髪形などの趣味嗜好まで選択肢が少なくなるのは、やむを得ないことかもしれません。

しかし、**選択肢が減るのは経済的なことのみが理由なのでしょうか。**

私の施設の話ですが、三時のおやつの時間に居合わせた時、利用者がみんな揃って砂糖とミルクを入れたコーヒーを飲まれているのを見ました。コーヒーのほか、紅茶、ココア、緑茶などを選べるのに、みんな同じ物なのです。

不思議に思ったので「みなさん一緒の飲み物を頼むのですか」と、介護スタッフに聞いてみました。介護スタッフからは「何を飲みたいか、みなさんに聞いてもはっきりと言われないので、コーヒーをお出ししています。いつもみなさん残さず飲まれますし」と返答がありました。

私は毎朝、紅茶を飲みますが、年に数回コーヒーを飲みたくなることがあります。なので「利用者のみなさんも、時にはココアや紅茶が飲みたくなることがあるのではないでしょうか」と、介護スタッフに問いかけました。

「いつもコーヒーでは飽きてしまうので、時にはこちらの判断でココアに変えたりしています。そういえば、近頃飲み物は何がいいですか？ と尋ねていなかったので聞いてみます」という答えが返ってきました。

傍で聞いていた別の介護スタッフは「コーヒーがいいですか、それともココアにしますか？と二者択一で聞くと、答えられる人もいるかもしれませんね」と付け加えました。

実際にそのように飲み物の希望を聞いていくうちに、ココアが飲みたいと言われる利用者が出ました。

さらに、介護スタッフたちは工夫を凝らし、飲み物を絵と文字で表したメニュー表を作成しました。言葉でのコミュニケーションが難しい利用者でも視覚に訴えることで、希望を引き出せると考えたからです。

答えられなくても、感情には伝わる

私たちは「今日はブラックコーヒーで」とか「緑茶をお願い」と言える利用者には、当然のように飲み物の希望を聞きます。

けれども、自分の思いや考えを表現しにくくなった認知症の利用者には、ついついこちらの考えで飲み物を出し、希望を聞かなくなります。そして、**飲み物の希望を聞かれなくなった利用者は、それが続くと飲みたい物がなくなっていく**のです。

それでは、飲みたい物がなくなった認知症利用者には、何も聞かなくてもいいのでしょうか。いいえ、たとえ答えることができなくても「コーヒーを淹れましたが、よかったでしょうか」と、聞いてほしいのです。

なぜなら、そのくらい意識をしないと、記憶力や理解力に障害がある利用者と接するうちに「すぐに忘れてしまう」とか「どうせわからないだろう」という思いが、知らぬ間に忍び込んでくる恐ろしさを実感するからです。

そうなると、「介護者主体のケア」となって、認知症利用者のアイデンティティは失われていきます。

認知症が重度になって、言葉が発せられなくなっても感情はあります。その感情に働きかけるよう、聞いてほしいのです。

「お飲み物はコーヒーがいいですか。それとも？」と言って。

5．人にはずっと、誰かの役に立ちたいという思いがある

ビニールエプロンが傷つけたわけ

上谷一義さん（75歳）は、数年前に奥様を亡くされ会社をたたみました。経済的には余裕があったので、悠々自適の日々を送るはずでした。

ところが、ズボンの上に下着をはいたりするなど、様子がおかしくなりました。それを知った民生委員さんが息子さんに連絡し、息子さんと上谷さんは施設見学をして、入所しました。

入所の初日、上谷さんは箸をうまく使えず、ごはんやおかずをぼろぼろと上着やテーブルにこぼされました。見るからに高級な上着を汚したり、汁物がかかってやけどなどしてはいけないと、すぐにスタッフが食事の介助用のビニールエプロンを上谷さんの首からかけたのです。他の入居者も、食事をこぼす人はエプロンをしています。

しかしエプロンをかけた途端、上谷さんはみるみる顔色を変えて「こんなもの、なんで着けなくてはいけないのか」と大声で怒鳴りました。スタッフは、あわててエプロンを外しましたが、上谷さんの怒りはおさまらず、その日は食事をほとんどとられませんでした。

次の日、失禁されているのでスタッフが下着の更衣を手伝おうとしましたが、「自分でできる。手伝ってもらう必要はない」と、取りつく島もありません。

それからというもの上谷さんは、自分の部屋に閉じこもるようになりました。

スタッフはミーティングを開き、上谷さんのこれまでの生活歴、価値観、趣味嗜好、できること／できないことを話し合い、理解を深めるようにしました。

そこで気づいたのは、**箸をうまく使えない認知症利用者に対し、安全性と衛生面からエプロンやスプーンを使うことはあたりまえだと、スタッフが考えていた**ことでした。もし、上谷さんに対して「エプロンを着けますか？」と一言添えていたならば、ここまでプライドを傷つけることはなかったのです。

ミーティング後、なるべく上谷さんの気持を優先して、こちらの価値観を押し付けないようなケアをすることにしました。まずは、**何でも上谷さんの思いや考えを聞くこと。聞いたところで答えることができないだろうなどと決めつけないこと**です。

さらに、食事の時は「箸とスプーンのどちらを使いますか？　エプロンはどうしますか」と聞き、毎日の洋服もご自分で選んでもらいました。

そのような関わり方を続けていたある日、市役所の担当者が実地指導（検査）に来られました。スタッフが緊張しているのを上谷さんは見ていたのでしょうか。実地指導が終わって市の担当者が帰ろうとした時、エレベーターの前に立ち「本日はご苦労さまでした。これからもお願いします」と頭を深々と下げて見送ったのです。施設長になったようなお気持だったのでしょうか。

その姿は威厳に満ちていて、それからお客様が来たときの挨拶は、上谷さんの役割となりました。上谷さんの笑顔が見られるようになったのもその頃からです。

上谷さんと接してわかったことは、**介護が必要になったとしても、人には誰かの役に立ちたいという思いがある**のだということです。

そして、**その思いが認知症の人にとってもプライドを維持するためには必要**なのです。

6. 夕暮れ症候群が現れたら

女性に多い夕暮れ症候群

夕暮れ時になるといつも「家に帰らなくては」と小松孝子さん（85歳）は、そわそわし始めます。スタッフが「ここにいていいんですよ」とか「もう少ししたら、晩ご飯ですよ」とお伝えしても「子どものご飯を作らないといけない。遅くまでここにいたら主人に怒られる」と聞いてもらえません。

時には形相が変わり、一点を見つめて「家に帰らせて」と声を荒げることもありました。小松さんは認知症になる前は家族と住んでいて、昼間は一人で家の留守番をされていたのですが、それができなくなったので施設入所となりました。

施設では、日中は洗濯物たたみや食器拭き、歌も上手でレクリエーションにも積極的に参加されていました。そして、他の入居者のお世話をして下さるリーダー的な存在でした。

ところが、夕方になると急に変わるのです。

ご家族が一緒に自宅に連れて帰られ、外泊されたことがありましたが、その時も夕方になると落ち着きがなくなるとのことでした。

認知症の行動・心理症状（ＢＰＳＤ）に「夕暮れ症候群」というのがあります。**夕方になると不**

安がつのり、帰宅願望が強まるのです。

どうして夕方になると、家に帰りたくなるのでしょうか。特に女性に夕暮れ症候群の人が多いように思います。夕方は家にいて、家族のために食事作りをするという長年の習慣によるのでしょうか。

日が暮れて外が暗くなるという外部の環境が加わると、時と場所がわからなくなる見当識障害のある認知症の人は、不安が増長するのでしょうか。

それとも夕方は、スタッフが夕食の用意で忙しくしているので、それが伝わって落ち着かなくなるのでしょうか。

私も夕暮れ時は、なんとなくさびしくなります。

子どもの時に母親から「夕ご飯までには、家に帰っておいで」と言われていた記憶と、動物が自分の巣や生まれた場所に戻ろうとする「帰巣本能」が重なって、夕暮れ症候群に陥るのかとも考えてしまいます。

「誰が待っていますか」などと傾聴を

他の施設でのことですが、小松さんのような夕暮れ症候群の認知症の女性がいて、家に帰りたいと言われるので、スタッフが一緒に以前住んでいた家にお連れしたところ、「ここは家ではない」と言われたそうです。そこで、スタッフは子どもの時に住んでいた家に帰りたいのだと考え、その家を探してお連れしたのですが、「ここも私の家ではない」と言われたそうです。

もしかすると、**夕暮れ症候群の認知症の人にとって「家」とは、安心して過ごせる自分の空間や人生の中でいちばん輝いていた場所**なのかもしれません。

そうだとしたら、**夕暮れ時こそ、さびしくならないようにその人に寄り添い、「帰りたい」と言われたら、「おうちには誰が待っているのですか」などと傾聴して、落ち着いていただくよう働きかける**ことが大切です。

また、帰りたいと言われる前を見計らって、一緒に好きな歌を歌ったり、思い出を語ってもらうことにより精神的な安定をはかる回想法を行うのも効果的だと思われます。

その時間を確保するためには、夕方の業務の見直しが必要だと考えます。

小松さんは、入居されていた数年間、毎日といっていいほど、夕暮れ時は「帰りたい」と訴えられていました。

なぜか、急病で入院される前の数日間は、夕暮れ時でも「家に帰りたい」とは言われませんでしたが。

7. きちんと名前を呼ぶことは個別ケアの第一歩

「お母さん」と呼ばれ、険しい表情に

「お母さん、食事の時間ですよ」と、介護スタッフは利用者岸辺ふみさん(87歳)に声をかけました。

すると、「私はあんたを産んだ覚えはない」と、険しい表情で答えられました。

その言葉に介護スタッフは、戸惑いを隠せませんでした。

岸辺さんは、一人で歩いたり、食事をしたり、トイレに行くことはできます。しかし、介護スタッフが「トイレに行きましょう」などと誘わないと、自分からトイレに行くことはめったにありません。そのため生活全般に声かけが必要です。

岸辺さんは結婚後、子どもに恵まれ専業主婦だったそうです。ご主人に先立たれた後は、息子さん家族と同居されていました。しかし、認知症が進み在宅での介護は困難になったので、施設入所となりました。

時々夕方になると、「子どものご飯を作らなくてはいけないので家に帰らせて下さい」と言われることはありましたが、それ以外は、介護スタッフの声かけに素直に応じて下さっていました。

ところが、その日は「お母さん」という言葉に反応して、自分の思いを表現されたのです。

私たちの施設では、利用者を名前で呼ぶことを基本としています。しかし、「お母さん」と呼んだ介護スタッフは、常々「利用者を自分のお母さんと思って介護をしたい」と言っていたのです。その考えが、ついお母さんという言葉になって出てきたそうです。

私たちは、あらためて利用者を何と呼べばよいのか、ミーティングをすることにしました。あるスタッフから、「認知症で自分の名前を忘れていたり、まちがえている利用者がいます。なので、きちんと名前をお呼びした方がいいと思います」と、意見が出ました。

また、女性の場合結婚すると姓が変わる人がほとんどなので、たとえば「岸辺さん」と姓で呼んだときに反応のない人でも、子どもの頃からなじんでいる「ふみさん」などと下の名で呼んだら、返事をされたとの発言もありました。

さらに、スタッフからすると、利用者全員の名前を覚えられない場合や忘れた時は、「お父さん、お母さん」は都合のいい言葉だという発言も出ました。

結論として、利用者それぞれに「名前は何とお呼びすればいいですか」と聞こうということでまとまりかけましたが、あるスタッフが利用者から「○○ちゃんと呼んで」と頼まれ、人生の先輩をちゃん付けで呼ぶべきか悩んだという経験談から、原則は○○さんと姓で呼ぶことになりました。

ただし、同姓の人がいる場合は誤薬などの心配もあるので、本人の承諾を得て下の名で呼ぶことにしました。また、姓で呼ぶと自分の名前だと認識できない認知症の人については、個別に考えることにしました。

名前はアイデンティティ

私たちは、認知症の人は個別でケアをするという考えから、少人数を定員としたグループホームなどの施設を運営しています。利用者は少なくても、個別ケアを行っているために日夜悩んだり喜んだりしながら試行錯誤をしています。

利用者を名前で呼ぶことは個別ケアの実践です。総称である「お父さん、お母さん」からは、お一人お一人の顔は見えてきません。

名前は人格や個性を表すアイデンティティなのです。そのことを話し合いの中で再認識しました。

それから少し経って、私は果物屋の前で店主から「お母さん、このリンゴおいしいよ。試食してみて」と、声をかけられました。

断われない性格からか、それとも食べ物に弱いのか、リンゴを一切れ食べて、買って帰りました。

「私はあなたのお母さんなんかじゃない」と、心の中で叫びながら。

8. 感情を引き出した非言語のコミュニケーション

一緒に机を叩いてみたら、まとまった受け答えが

今日もデイサービスで和元譲さん(84歳)は、机を繰り返し指で叩いています。「うるさいから止めて」と、隣の机に座っている利用者が怒って言いました。和元さんにはその声が聞こえていないのか、一心不乱に机を叩いているのです。「お仕事をされているのですか。今日は終わりにしましょう」と、看護師が自分の手をそっと和元さんの手に重ねて、動きを止めようとしました。

それでも机を叩く行為は治まりませんでした。周りの利用者のイライラはつのるばかりです。私は和元さんの隣に座り、顔を見て挨拶しましたが、私には目もくれないで、繰り返し指で机を叩いています。

そこで私は和元さんの指の動きに合わせて、音が出ないよう配慮して、一緒に机を叩きました。少しの間和元さんと呼吸を合わせて机を叩いていると、急に指が止まり、ぎょろりとした目で私を見ました。

視線が合ったので、「和元さんは、何のお仕事をされていたのですか」とお聞きすると、「教師です」と答えられました。

「どこの学校ですか」と尋ねると「私立の男子中学」と言われます。「学校はどこにあったのですか」と続けると「忘れました」と和元さん。「教師の仕事は大変でしたか」と私。「それはつらかったです」と会話は続いたのでした。

ほんとうに驚きました。これまで何度も和元さんとコミュニケーションを取ったのですが、せいぜい「はい」「いいえ」「ありがとう」「眠い」といった単語を並べる程度でした。それを私は理解していたので、「はい」「いいえ」で答えられる会話をしていたのです。それでもうまく伝わっているかどうか疑問でした。

けれどもその日は違いました。私はオープンクエスチョン、つまり「はい」「いいえ」の二者択一で答える質問ではなく、自由に答えてもらえるような質問をしたのです。

和元さんはそれに答え私たちの会話は成立したのです。

その後、介護スタッフに、和元さんが机を叩いても周りの利用者の耳障りにならないよう、バスタオルなどを机に敷くように伝えました。

認知症が進むと、言語でのコミュニケーションが困難になり、自分の気持を伝えることができなくなって孤独に陥ります。

和元さんのように**繰り返しの動作をする認知症の人にとって、その行為は感情の表現**なのです。感情を引き出すような働きかけがなければ、たとえ止めても一時的です。それは、感情を出すことさえも禁じることになるからです。

私は心理学でいうミラーリング（相手の言動やしぐさを真似ることにより、相手に親近感を抱かせる）を使い、気持に共感しようとしました。和元さんに寄り添いたいと、一緒に繰り返し動作をすることで、非言語のメッセージを送ったのです。

和元さんはそれをしっかりと受け止めてくれました。だから、閉じこもっていた世界から出てきて心を開いたのです。

知識とスキルと経験がなければできないケアがある

介護の仕事は誰にでもできると言う人がいます。あえてそれを否定はしません。ルーティンな介護は、やる気があってある程度の経験を積めば、できないわけではないと思うからです。

しかし、知識とスキルと経験がなければ、できないケアがあることも事実です。

言語によるコミュニケーションが難しくなった認知症の人への対応は、まさしくそうです。**非言語によるコミュニケーションスキルや知識などは、専門的に学び、経験を積まなければ身に付きません。**私は認知症の人の世界を理解したいと学び続けていますが、残念ながら常にパーフェクトな対応ができているとは言えません。

認知症ケアのハードルは高いのです。それだけに飛べた時の喜びは大きく、何度も手を叩き非言語で繰り返し表現しています。私こそ周りのスタッフに迷惑をかけているかもしれません。

9. 抑え込んできた過去の表出が認知症の人の重荷を降ろす

経営者としての人柄の奥に隠れていたもの

施設のみなさんと花見に行った帰りの車中で、隣合わせに座ったのが利用者、脇田カナさん（81歳）でした。いきなり「商売繁盛のこつ知っとる?」と聞かれ、答えに窮しました。「どうすれば繁盛するのですか」と尋ねると、「アメ一つでもいいからお客を喜ばせること」と言われたその横顔は、まさに経営者でした。

脇田さんは、長年人を使ってお店を営んでいました。まじめな人柄なので繁盛していたそうです。高齢になり一人暮らしが不安になったので、施設に入居されました。

施設の生活にすぐ順応されましたが、骨折をして入院をした後から物忘れがひどくなり、とう とう認知症と診断されました。

ある時、脇田さんの生活を支援するためのケアプラン会議に出席しました。そこで脇田さんが「おっぱいちょうだい」と、介護スタッフに再々おっしゃっていることを知りました。笑いながら言われるので、介護スタッフは「おっぱいはないですよ」などと答えるそうで、それほど困っているようではありませんでしたが。

しかし、それは私の知っている脇田さんのイメージとはあまりにかけ離れていたのです。

めずらしく雪が降ったある日、脇田さんにお部屋の前でお会いしました。名前を名乗って挨拶をすると、私のことは忘れていらっしゃいました。

「外は雪ですが、子どもの時雪だるまを作って遊びましたか」とお聞きすると「ないない。私は一人っ子だったから」と窓の外を見て話されました。

「さぞかしご両親にかわいがられたのでしょうね」と返すと、「お父ちゃん、お母ちゃんは何も言わんかったんよ。私はよそからもらわれてきた子だから」と答えられました。

脇田さんは生まれてすぐに養女に出されたそうです。周りの人の噂から実子ではないことにうすうす気づいていたのですが、大人になって戸籍謄本を見て知りました。

子どもの頃から養父母に怒られた記憶がないそうです。働くようになっても自分のことばかりにお金を使い、養父母に生活費を渡すことはしなかったそうです。

脇田さんは「お母ちゃんはうちを産んだわけでもないのに育ててくれた。うちならそんなことはできん。それなのに親孝行せんかったんよ」と私の目を見ずに言われました。

お花見で出会った時の脇田さんは、有能な経営者として自立して生きてきた女性でしたが、私の前にいるのは別人でした。

その後何度も脇田さんを訪ねて話をしましたが、なぜかお店を経営していた時代のことは消え去っていました。

孤独な苦闘から解放されるための援助

人は誰でも心にバリケードを張って生きていますが、認知症になるとそのバリケードが外れます。そうすると抑え込んでいた過去の課題が露わになってきます。そこで、それを解決して安らかな死を迎えたいという欲求にかられるのではないかと思うのです。

脇田さんは、ほんとうは「自分は誰から生まれてきたの」と養父母に聞きたかったのです。気兼ねせず叱ってほしかったのです。自分も思い切り甘えたかったのです。そして「育ててくれてありがとう」と、感謝の言葉を伝えたかったのではないでしょうか。

その課題を解決するためには、「おっぱいちょうだい」と言って今は亡きお母さんを探している脇田さんに、「お母さんが恋しいのですか」とか「お母さんはどんな人でしたか」と聞いて、**感情の表出を促すような関わりが大切**です。

なぜなら、こらえていた思いを吐き出すことができれば、孤独な苦闘から解放されるからです。私たちがそんな援助ができれば、脇田さんは「おっぱいちょうだい」と言う必要がなくなると思うのです。

10. 適切な言葉づかいが尊厳を守る

ある施設で聞いた職員の怒鳴り声

仕事柄、私は他の病院や施設を訪問する機会が多々あります。

ある施設に夕方の六時すぎにお見舞いに行って帰ろうとしたところ、隣の部屋から大きな声が聞こえてきました。驚いてその部屋に行くと、入口のドアが開いていてそこの施設のスタッフの背中が見えました。

「何回言えばわかるの。一人でベッドから降りるとまた転倒して骨折するでしょ」とスタッフ。利用者は何の返事もされていません。お顔も見えませんでした。私はその場に立ちすくんでしまい、そこに別のスタッフが来たので、あわててエレベーターに乗り込み、施設を後にしました。

その利用者がどのような気持だったのかと考えると、見て見ぬふりをして帰った自分が情けなくなりました。

あの時、そのスタッフを注意した方がよかったのか。施設長はこの状況を知っているのか。スタッフのスキル不足で大きな声で利用者を注意していたのか。職場の環境に問題があってストレスが溜まっているのか。もともと介護に向いていない人なのか――。

同じ介護に携わる者としてやるせない気持になりましたが、私はあの一場面しか見ておらず、それまでの過程を知りません。それで一方的な見方をしているのかもしれないと思い直しました。あのスタッフは、認知症で転倒した利用者を心配するあまり、口調が強くなったのではないかと。しかし、スタッフに悪意がなかったとしても、利用者に対して「ベッドから立ち上がる時は、遠慮なく声をかけて下さいね」などともっと適切な対応はできます。

不適切と思われる声かけがあたりまえになると、最悪の場合言葉の虐待につながる可能性がないとはいえません。**虐待はグレーゾーンの不適切なケアが積み重なった結果**とも言われています。**利用者に対する言葉づかいは、スタッフ個人の問題として捉えるのではなく、施設全体として取り組むべき課題**です。そして、それは私も含めて施設長の責任だとも考えます。

二〇〇〇年に介護保険が導入されましたが、介護の世界では、それ以前の措置制度時代の「してあげる」といった上から目線の文化がいまだ抜け切れていないのでしょうか。

そのため、一般のサービス業では考えられないような、利用者に対して友達に話すようなタメ口や「あーんして」「上手にできたね」などの幼児語、さらには「待って」「早くして」などの命令口調、「ダメダメ」などの否定語などがしばしば使われています。

認知症の人は幼児ではない

たとえ認知症になって判断力や理解力が低下したとしても、利用者は幼児に戻るわけではありません。

介護の仕事は、食事や入浴、排せつといった生活を支援するため、利用者との関係が近くなりすぎ、ややもすると適切な距離感がわからなくなるのではないでしょうか。あるいは、もっと利用者との距離を縮めたいという思いで、なれなれしい言葉づかいと親しみやすい言葉づかいを勘違いしているスタッフもいるのかもしれません。

私の施設では、スタッフは私に「ですます」を使った丁寧語で話してくれますから、「利用者には私に話すような言葉づかいで接して下さい」と内部研修をしています。

言葉づかいの話になると必ず出てくるのが、いくら敬語を使っても利用者に対して「心」がないと意味がないという論争です。また、利用者は敬語を好まないという意見もあります。

もちろん、いくら言葉づかいがよくても、冷たい印象を与えるのは考えものです。**基本は、利用者といくら親しくなっても人生の先輩だということを忘れないこと**です。

専門職として真心をもってケアをし、親しみやすい丁寧語で対応するのが私たちの施設での基準です。

認知症の人の尊厳を守るということは、大層なことではありません。日々の食事、入浴、排せつなどの介護やコミュニケーションの一つ一つの支援を通して表すものだと私は考えています。

福祉とは「しあわせ」を意味する言葉です。利用者もスタッフも幸せになれるよう、小さな努力を積み重ねていきたいと思います。

コラム2　認知症の人と心を通わせるコミュニケーション方法

介護の相談でよくあるのは、認知症の人とのコミュニケーションについてです。

相談の内容としては、同じことを何度も繰り返して話す、何を言っているのかわからない、あるいはこちらの言っていることが伝わらない、急に怒り出すことや泣くことがある、事実と違うことをあたかも事実のように話す、反応がない――など、さまざまです。

そこで、私たちの施設で実施している「バリデーション(validation)」についてお話ししたいと思います。

バリデーションとはそもそも検証や確認という意味ですが、アメリカの研究者、ナオミ・ファイルが開発した、アルツハイマー型認知症および類似の認知症高齢者とコミュニケーションを取るための方法です。認知症高齢者が尊厳を回復し、引きこもらないように援助する、シンプルで実用的なテクニックです。

このテクニックは、習熟すると一〇分程度の時間で、認知症高齢者と心の通ったコミュニケーションを取ることができるようになります。相手に誠実に心を開き、一方的な判断をせず、共感を持って傾聴します。

バリデーションを習得するためには研修に時間を要しますので、ここでは誰でも応用できるポイントについて簡単に説明します。

ポイント1　精神の統一をして傾聴しましょう。

認知症の人の気持を心から感じるためには、まず自分自身のいらいらなどの感情から解放される必要があります。そのため、へそから五センチくらい下の一点に神経を集中し、鼻から息を吸い込み、口から吐きます。すべての思考を止め、呼吸に意識を集中させます。この手順をゆっくり八回繰り返します。

ポイント2　認知症の人の真正面で視線を合わせて話しましょう。

視線を合わせ、あたたかい眼差しでアイコンタクトを取ると、認知症の人は安心を感じます。

ポイント3　相手の言葉を繰り返しましょう。

認知症の人が「さびしい」と言ったら、「さびしいのですね」と、同じ言葉を声の調子やリズムを合わせて返して下さい。つい、「私がいるから大丈夫」などと言ってしまいがちですが、慰めたりしないことです。「共感を持って聞く」ことで信頼が生まれます。

ポイント4　ゆっくりと低くはっきりした声で話しましょう。

早口で高くて小さな声は高齢者には聞きづらいものです。低くてはっきりとした声で、ゆっくりと話して下さい。

ポイント5　タッチングで非言語のコミュニケーションをしましょう。

言語でのコミュニケーションが難しくなっている中・重度の認知症の人には、手を握ったり、手を肩に当てたりすることで親密な関係が築けることがあります。しかし、触れられるのを嫌がった場合は、タッチングを控えましょう。

以上のようなテクニックを通じて、認知症の人と心を通わせることができれば、本人だけでなく、介護する人の苦悩も軽減できるのです。

参考文献：『バリデーション　ファイル・メソッド』（ナオミ・ファイル著、ビッキー・デクラーク・ルビン改著、稲谷ふみ枝監訳、飛松美紀訳、全国コミュニティライフサポートセンター、二〇一六年）

第3章

ある日の食事風景（著者提供）

悩める家族、介護者のために

第3章は、家族が介護するからこそ生じる苦悩に焦点を当てています。家族が介護に直面した時、これまでの関係が問われることになります。認知症は、本人だけでなく周りの家族の生活にも影響を与えるのです。

多くの家族介護者にとって、認知症になった家族の現実を受け入れることは容易ではありません。その葛藤とともに、ゴールの見えない介護に不安が増長します。

さらに、認知症の人は何度も同じことを言ったりするので、介護者も何度も同じことを繰り返さなければならず、日常的にストレスを受けます。

その上、家族介護者が認知症を正しく理解せずに不適切なケアをすると、症状は悪化し、家族介護者の負担となって返ってきます。最悪の場合、自身が体調を崩したり、虐待してしまうことにもなりかねません。

そこで、この章では家族介護者が孤立して介護を抱え込まないよう、介護施設の利用についても書いています。

家族介護者の皆さまにねぎらいを込めて。

1．認知症になった母の中に見つけた愛情

過干渉だった母へのわだかまり

「母を自宅に引き取り介護したいのですが」

知人に紹介された田宮成子さん(55歳)から相談がありました。他の施設に入所しているお母さんのことです。

お母さんの施設の担当ケアマネジャーなどが相談にのったほうが、適切な助言ができるのではと思いながらも、話を聞いてみました。

田宮さんがいつものように施設を訪ねたところ、「あの女の介護士がオムツを換えに来て私のお尻を叩いたの」と、お母さんが大きな声で泣きついたそうなのです。

お母さんは認知症なので、話をどこまで信じていいのか半信半疑でしたが、その訴えに心当たりがあったといいます。

その施設に行くと、看護師や介護スタッフが話しかけてくる利用者を無視している場面に度々出くわすそうなのです。表情のない利用者と笑顔のないスタッフを見て、お母さんをここに入所させていていいのだろうかと悩んでいたと話されました。

田宮さんは、ほぼ毎日お母さんを見舞い、傍目には親孝行な娘です。しかし実は、子どもの頃

からお母さんを尊敬できなかったそうです。お父さんに依存して、子どもに対しては過干渉で、自分の思い通りにならないと感情的になる母親。それでも田宮さんは、両親の期待に添うよう生きてきたと話されました。

けれどもがんばりは続きませんでした。思春期になった田宮さんは大学受験に失敗し、教育熱心だった両親に予備校に行くと言って家を出たのです。親の支配から逃れるためだったそうです。上京した田宮さんは予備校に通わず進学を断念しました。その後両親の勧める男性と結婚して、実家の近くに住みました。そして、お父さんが亡くなった後離婚しました。

お母さんは脳梗塞になり、重度ではありませんが、認知症を併発して施設に入所しました。ある日、田宮さんの妹さんが施設を訪問した時、お母さんは「成子にはさびしい思いをさせた」と言われたそうです。

夏休みの思い出

お母さんの言葉を妹さんから聞いた田宮さんは、あの長かった夏休みを思い出しました。田宮さんが小学二年生の夏休み、お母さんの実家の母、田宮さんの祖母が亡くなりました。一人になった祖父は床に臥すようになり、あまりにさびしがるので、お母さんは自分の代わりに田宮さんを祖父の住む田舎に行かせたのでした。

古い大きな家の縁側に一人座り、人形に話しかけている小さな自分。夜中、離れにある便所に廊下を通って行く時の心細さ。お手伝いのおばさんが来ない日のお使いは自分の役目だったこと。お母さんは何度か来てくれたけれど、「連れて帰って」とは言えなかったこと。

まさか認知症になったお母さんがそれを覚えていて、後悔しているなどと田宮さんは思ってもみませんでした。そしてその時、心の片隅に封印していたお母さんに対するわだかまりが溶けたそうです。

たまらなくなった田宮さんはお母さんに「ここを出て私と一緒に住む？」と聞きました。「私は車椅子だから成子に迷惑をかけるだけ。ここで仕事をしてがんばる」と答えられたそうです。それから「昔、銀行にいたから事務は得意」と言って何枚もの塗り絵を見せてくれました。そして「三人いれば幸せ」と、自分と田宮さんと妹さんを順々に指さして笑われたそうです。

さびしくても帰りたいと言えなかった夏休みの田宮さんのように、お母さんは娘を気づかって、帰りたいと言わなかったのではないでしょうか。足しげく施設に通ってくる娘たちの思いが、お母さんを変えたのです。

「認知症になった母の中に、私への愛情を見つけました」と、田宮さんはかみしめるように話されました。

私は、田宮さんとお母さんが在宅で無理をしないで生活できるよう、福祉用具、介護サービス等の説明をしました。

そして「いつでも帰りたいと言っていいですよ」と付け加えました。

2. どこまで治療したいかを話し合っておくことは大切です

年寄りにとっていちばんうれしいこと、それは優しい言葉

「年寄りがいちばんうれしいことは、何だかわかる?」と、井口良子さん(93歳)に聞かれました。

私が返事に困っていると、「優しい言葉」と答えられました。

「年を取るとさびしくなるの。今のあなたにはわからないと思うけど」と言って、井口さんは私を見つめました。

井口さんはすべての面で自立されていましたが、坂の上の家で一人暮らしをすることに限界を覚え、施設に入所したのです。

入所の面接時、「施設に入ったら誰かの役に立ちたい」とおっしゃいました。

その言葉どおり、入所してから困った人がいれば声をかけ、そっと手助けしていました。

ですから、入居者は悩みがあれば井口さんを訪ね、お話を聞いてもらっていました。

井口さんは、悩みを持った人に解決策や助言を与えるわけではありません。ただ静かに話を聞いて、敬虔なクリスチャンらしく「お祈りします」と言うのです。

しかし、相談をした人たちは「慰められた」と、口ぐちに話されるのでした。そんなお人柄な

ので、私たちも尊敬していたのです。

ところが、ある日井口さんが深刻な顔をして「二週間ほど便が出ないのです」と、相談に来られました。それはたいへんと看護師に診てもらったのですが、便秘などしていないと首をかしげて言うのです。

私は井口さんのように便のことを言われる高齢者を何人も知っています。多くの場合、認知症の初期症状として表れるので、脱水にならないように注意をするとともに受診を勧めました。

それからの井口さんは、何度も体調不良を訴えるようになりました。病院を受診しましたが、これと言って悪いところはないのです。

けれども、食事の時間に食堂へ出ることもできなくなり、とうとう入院となりました。

お見舞いに行くと「体がだるくて身の置きどころがないのです」と、弱々しい声で話されました。

入院先の看護師に井口さんの様子を聞くと、「不安なのか、何度もナースコールを押されるので、困っています」と言います。

井口さんは、辛抱強く我慢する人です。ナースコールを度々押すのは、よほどのことなのだと思いました。

しばらくして、井口さんは脳梗塞を起こしました。手術をして一命は取りとめたのですが、経口摂取は困難となり、ご家族は胃《い》瘻《ろう》の選択をされたのです。

その話をご家族から聞いた時、井口さんがいつも「誰にも迷惑をかけずに逝きたい」と言っていたことを思い出しました。なぜか私は井口さんならきっとそうなると信じていたのです。

それから、何度もお見舞いに行きました。苦痛を感じている様子は見られなかったので安心しましたが、だんだん声をかけても反応しなくなりました。ある時、井口さんが好きだった讃美歌なら心に届くかもしれないと思い、耳元で歌ってみました。

すると、目から一筋の涙が滴り落ちたのです。

井口さんは胃瘻で寝たきりになってからおよそ一年を生きて、召されました。

一年という時間の意味

どうしてこんなに人のために生きた井口さんの祈りが聞かれなかったのかと、私は長い間、答えを見つけることができずにいました。

けれども、ある時ご家族が「私にとってあの一年間は必要な時でした。親を見送る心の準備ができたから」と話されたのを聞いて、救われた気がしました。

井口さんは寝たきりになっても周りの人のために生きたのです。だから、そのことにも大きな意味があったと思えました。

そして、井口さんがよく口ずさんでいた聖書の言葉が心に浮かびました。

「神のなさることは、すべて時にかなって美しい」

残された家族や友人には、この言葉は救いです。

でも、胃瘻を受けるべきかどうか、現在は拒むこともそれほど難しくはありません。当時は、経口摂取が難しくなった人が病院や施設で看てもらおうとすると選択肢があまりなかったのです。やむを得ずご家族は胃瘻の決断をされました。

意思表示ができるうちに、どこまで治療してほしいか話し合っておくことは、本人にとっても残される方々のためにも、とても大切なことなのです。

3．人の気持は変わる 後悔しない意思決定のために

「十分生きた、治療は受けない」と言っていた方

施設の入浴時でのできごとです。

利用者の田村さくらさん(68歳)は、山中元子さん(92歳)の、衣服の着脱を手伝おうとされました。

ところが、山中さんは「自分のことはできますから」と、田村さんの手をゆっくりと制止したのです。

すると、田村さんは腑に落ちない様子で介護スタッフに言われました。

「山中さんは背中が曲がっていて、服を着るのが難しそうなのでお手伝いをしたのに」

スタッフは、「お手伝いが必要であれば、私たちがします」と、お伝えしました。

それから少し経って、山中さんから「体調がすぐれないので、検査入院をします」と、申し出がありました。

そして、毅然と「もし、悪い病気があったとしても、積極的な治療や手術はしないつもりです。もう十分に生きたので思い残すことはないのです」と言われたのです。

それを聞いた私は、山中さんらしい決意だと思いました。

山中さん以外にもそう言われる利用者はいらっしゃいますが、「今の気持はそうなのだろう」と思いつつ、聞いていました。

けれども山中さんの場合は、日々の生活ぶりを見ていて、その決意は変わらないと確信していたのです。

山中さんは、近所に息子さんがおられますが、迷惑をかけたくないという理由で、施設に入所されました。背中がかなり曲がっていますが、身の回りのことはすべて時間がかかっても自分で行います。外出もシルバーカーを使用して、一人で出かけます。愚痴や悪口を言わず、自分に厳しく人に優しい方でした。

自立心が強く、何より他の人のお世話になることを嫌がられていました。私がなりたいと思ってもなれそうもない高齢者の一人でした。

その後、山中さんは入院されました。お見舞いに行くと、なぜか病状について触れず、「何十年ぶりに、お母さんの夢を見ました。今まで病気で入院したことがないからでしょうか」と、初めて聞くお母さんの話をされました。

数週間たった頃、息子さんから山中さんが手術をされ、経過はよいという報告を受けました。実は、私はその話を聞いて少し違和感を持ちました。以前お見舞いに行った時、山中さんは、手術をするとは言われなかったからです。

再度お見舞いに行くと、山中さんは「こんな年で手術をする気はなかったのですが、入院をしてお医者さんたちによくしてもらいました。だから生きなければと気持が変わったのです。夢でまだお母さんの側に行けないと謝りました」と、いつものように笑みを絶やさずに話されました。目の前のすがすがしい姿を見て、私の違和感は払拭され、その決断も山中さんらしいと思いました。

思い込みを持たずに接することの大切さ

人の気持や意思決定は、揺らぐのが当然なのです。それなのに私は、山中さんに限っては、自分で決めたことは他の人の影響を受けず貫く人だと、勝手に思い込んでいたのです。

そんな先入観で、山中さんの気持や意思の変化を察知できなかったのです。察知できないどころか、知らず知らずのうちに、山中さんに気持が変わったと言えないような雰囲気を与えていたのかもしれません。

利用者が後悔しないような意思決定をするためには、気持は変わることもあると伝えること、そして、自分も思い込みを持たずに接することの重要性をあらためて内省しました。

山中さんは退院されて施設に戻られました。少しの間は元気に生活されましたが、なかなか体調が元に戻らず、再入院されました。

そして、入院先で召されました。葬儀に参列して拝見した最後のお顔は、夢でお母さんに会ったと話された時の山中さんと重なりました。

4．施設入所をベターな選択にするための家族の役割

家族の頻繁な面会は利用者を穏やかにする

「また、母をたたいてしまいました」

デイサービス利用者今田康子さん（84歳）の娘さんから施設に電話がありました。今田さんは身体面では自立していますが、認知症ですべての行動に声かけが必要です。

娘さんはしっかり者のお母さんの変化を受け入れられずにいましたが、同居して一生懸命に介護をされていました。けれども、終わりが見えない毎日の介護に疲弊して、時にお母さんに手をあげるようになりました。その度に、自分を責めて泣いて電話をかけてくるのでした。

在宅での介護はもう限界ではないかと助言をすると「今までお母さんに大事に育ててもらったのに、施設入所の決断はできない」と言われます。

娘さんに「お母さんの介護で娘さんが倒れたら、お母さんも苦しむことになるのでは」とお話ししました。さらに、**「施設に入所をしても家族としての役割と責任は果たせる」**とお伝えしました。

その後、時間はかかりましたが、お母さんは施設に入所をされ、娘さんは頻繁にお母さんの好物や衣類を持って面会に行かれました。お母さんは思いのほか早く施設になじまれました。

在宅で自分の親の介護をしたいと願っても、さまざまな事情によってそれがかなわない家族は大勢います。そういう時に、施設入所が親と家族にとってベストな選択になればいいのですが、親あるいは家族が施設入所という選択に否定的な場合があります。

しかし、**施設入所をベストな選択ではなくとも、ベターな選択にすることはできる**と思います。それには家族の協力が必要です。**施設に入所したとしても、決して家族との関係が終了するわけではありません。**親が施設で穏やかに生活するために、できるだけ頻繁に面会に行ったり、可能であれば一緒に外出や外泊をすれば、家族としての役割を果たすことができます。

もし、家族が遠方であれば、手紙や電話で家族の思いを伝えることはできます。**離れていても自分を思ってくれている家族の存在は、入居している親の心を慰めます。**それは、施設の介護スタッフではできない、家族の役割です。

一方、介護スタッフには施設での役割があります。介護スタッフから「利用者を自分の親のように思って介護をしたい」という思いを聞くことがあります。その気持を否定するわけではないのですが、むしろ私は、利用者が親ではないからこそ、安心して介護を受けていただけるのではないかと考えるのです。

適切な距離が介護ストレスからスタッフを守る

介護は仕事の性質上、身体に直接ふれる機会が多いので、利用者と密接な関係になりやすいのです。介護スタッフが自分の親だと思って利用者に接すると、相手のことを思うからこそ、自分の感情や考えなどを遠慮なくぶつけてしまう可能性があります。気づかぬうちに支配や依存関係に陥ることもあるのです。

だから、**介護スタッフは意識して利用者と節度ある適切な距離を取る必要があります。**

そして、その距離は、利用者との密接な日々から生じる介護ストレスから介護スタッフを守ることにもつながるのです。

利用者の側にいて意思を尊重し、できることは利用者自身にしていただき、できないところを支える。安寧な生活を施設で実現するのは、専門職としての介護スタッフの役割です。

家族と介護スタッフがそれぞれの役割を果たし、一緒になって利用者を支援すれば、施設でのＱＯＬ(生活の質)を高めることができるのではないでしょうか。

5．運営者の目で見た介護施設の見きわめ方

何よりも施設長に共鳴できるかが重要

今回は、パンフレットに惑わされない入所施設の見きわめ方についてお話ししたいと思います。

まず、入りたい施設をインターネットのサイトなどを参照して絞り込んだら、施設長などに直接会って運営の理念や方針について聞きましょう。施設のトップの話に自分が共感できるかどうかはとても重要です。**しっかりとした理念を持っているトップがいると、スタッフの教育も行き届き、利用者の満足度も高くなる**からです。

施設見学は大切なので、できれば昼間だけでなく夕方も行いましょう。昼間の見学で好印象を受けても、夜勤帯のスタッフが利用者に大きな声をあげていて、昼間とのギャップに驚くことがありました。

また、**必ず一度は昼食時に見学をする**ことです。

誤嚥を防ぐために、利用者が車椅子から移乗して椅子に座って食事をしているか。目が見えにくく、食の細い認知症利用者には、スタッフが食材などを細かく説明して食欲を引き出しているか。食事介助は、時間はかかっても食べ物を飲み込んだのを確認しつつ行っているか。介護する側の都合で、ごはんとおかず、薬を一緒に混ぜて、食べる楽しみを失わせる介助をしていないか。

そして、食事時の風景を見ると、ケアの質や利用者の介護度に対してスタッフの数が足りているかどうかがわかります。スタッフからの挨拶があるか。ていねいな言葉づかいをしているか。身だしなみが整っているかは基本的な項目です。

「サービス提供体制強化加算」に着目

さらに、サービスの質が一定以上に保たれている事業所を評価するために設けられた**「サービス提供体制強化加算」というものがあります。この加算が取れている施設かどうか**を聞いてみましょう。その他には、専門性のあるスタッフの数や離職率などを判断基準とします。

また、セントラルキッチンで製造した冷蔵、冷凍食品を温めた食事を提供する施設が増加していますが、地産地消の食材を使って、自施設で調理した食事を提供している施設に私は惹かれます。

そして、施設に入所すると自由に外出できなくなりますから、お花見や夏祭、敬老会やクリスマス会などの行事の頻度とともに、外出の機会がどれだけ確保できているかについても情報収集をしましょう。

また、家族や友人が訪問しやすい立地で、ボランティアや実習生など、外部の人が出入りする施設は、多くの人の目があるために、おのずと評価は高くなるようです。

最後に、施設が清潔か、においはないか、お花などが活けてあるか、設備に利用者が使いやすいような工夫があるかを見ましょう。災害や火災に対しての対策は見落としがちですが、要チェック項目です。

ユニット型特別養護老人ホームをまず検討しよう

施設の形態や種類については、介護や医療の必要性、そして経済力や家族の介護力などによって、選べる施設が限定されてきます。

介護保険の認定が要介護3以上で、透析など特別の医療が必要なければ、費用対効果を考えて、ユニット型特別養護老人ホームの入居を検討します。全室個室で一〇人程度を一つの生活単位としているので、プライバシーの保護ときめこまやかなケアが期待できるからです。利用料は従来型よりやや高めですが、有料老人ホームと比べると安価なのも魅力です。

地域格差はありますが、以前と比べると待機期間は短くなっています。まずは申し込みをしておきましょう。

入居を急ぐのであれば、有料老人ホームや小規模多機能型居宅介護などを利用して待機します。小規模多機能型居宅介護はあまり知られていませんが、利用者のニーズにフレキシブルに対応できる点で優れています。

利用者や家族の状況に合わせて利用回数に制限がなく、宿泊(個室対応)、訪問、通所のサービスをなじみのスタッフが提供します。利用料は定額制なので安心です。

施設選びは、ついつい施設の外観に惑わされやすいのですが、ハードが立派でも、介護する側の都合が優先されるようなケアをしている施設には、くれぐれも注意して下さい。

私見ですが、みなさまの施設選びの参考になれば幸いです。

6. ちょっと違った「サ高住」をつくってみました

安心と自由と

介護施設に入所すると、二四時間三六五日、切れ目のない介護が提供され、体調や栄養の管理もされているので安心ですし、特に家族は喜びます。また持病があると、ご本人も安心感が得られやすい面があります。

しかし、自由に外出・外泊はできません。医師、看護師、介護スタッフなどの対応に不満があっても変えることはできません。食事は、施設から出されるものを、決まった時間に食べなければなりません。入浴回数も時間も決められているところがほとんどです。

利用者にとっては、どうしても制限のある生活になってしまいます。介護を必要とする人が、安全に生きたいと願うのは当然ですが、そのために自分のペースで生活することをあきらめなくてはならないのは、やるせないことです。介護施設への入居に抵抗感がある人は、案外多いのではないでしょうか。

そこで、**介護施設ほどには縛られず、いろんな選択肢があって自由度が高い、新しい施設サービスをつくれないか**と強く思うようになりました。そんな思いをビジョンにして、一般的なサービス付き高齢者向け住宅(サ高住)より自由なサ高住を、二〇一三年に、広島県呉市にオープンしました。

何らかの支援を必要とする高齢者が、自分らしく生活できる住宅にするためには、介護サービスはやはり必須です。

そこで、一階に、事務所、カフェ、居宅介護支援事業所、地域相談センター、二階に、グループホーム、認知症対応型デイサービス、ヘルパーステーションを設置し、三～五階をサ高住にしました。

入居者は、介護施設や一般的なサ高住とは違って、外出・外泊は自由です。協力病院もありますが、それまでのかかりつけの医師に受診することもできます。

食事は、一階のカフェで一食から食べられます。調理がしたいときは、居室のＩＨキッチンで作ることもできます。居室に浴室があるので、お好きな時間に入れます。一人で入るのに不安があれば、ヘルパーの介助も受けられます。

デイサービス、訪問介護、ショートステイなどの介護サービスも、施設内だけでなく外部のお好みの事業所を選択することができます。

また、生活支援員がいるので、困ったことがあれば相談できます。一日一回の安否確認を無料で行い、居室で倒れた場合も発見が遅れるリスクを軽減するようにしました。体調が急変した時は、緊急通報装置を押せば、昼間は生活支援員が、夜間はセキュリティ会社のスタッフが対応します。このように、うまく組み合わせれば介護施設に見劣りしないサービスが受けられるようにしたのです。

費用面も、なるべく負担にならないよう、入居一時金などはいただかず敷金のみにしました。

多様な施設があることが老後の生活を豊かにする

ところが、常時介護のスタッフがいないことに不安を持つ人が少なくありませんでした。見学会を開催した時、「重度の要介護者は入居できないではないか」といったご意見をずいぶんいただきました。

特別養護老人ホームなどの施設をイメージして来られた見学者のなかには、落胆して帰られる方もいました。多くのサ高住も、特定施設入居者生活介護の指定を受けた常時介護付き施設です。実は、そのようにした方が事業者側にも有利なのです。入居者の確保が比較的容易ですし、サービスも自分たちのところを使ってもらえるので、経営が安定します。

しかしそれでは、「自由度の高いサ高住を中心に、これまでにない新しいサービスを創造する」という当初の思いから離れてしまいます。悩みながらも、ぶれないで初志を貫徹することをスタッフと再確認しました。

新しいビジョンに沿ったサービス内容は、ケアマネジャー、利用者、家族になかなか認知していただけず、サ高住が満室になるのには一年かかりました。安心と安全面だけを求めるならば、既存の施設の方が優れていることが一因だったように思います。

その後、車椅子、透析、認知症、要介護４の方など重度な介護が必要な方も入居され、見学会の時の誤解は覆すことができました。利用者は、介護サービスや医療を必要に応じて選択しながら生活することができたと思っています。

もちろん、認知症などでどうしても二四時間介護が必要だと思われた入居者は、二階のグループホームへ住み替えをしました。他の施設に移られた入居者もいます。

介護が必要になった時、さまざまなニーズに応えることのできる施設サービスが地域にあることは、老後の生き方を豊かにする――。私たちはそう信じています。

なお、当事業所のヘルパーステーションの利用ニーズは多くありませんでした。そこで、他のヘルパーステーションと連携することで役割は果たせると考え、二〇一八年に閉鎖しました。

コラム3　昔の話をすることで自尊感情を取り戻す回想法

認知症の人は記憶や判断力が低下することもあって、自信を失い不安になる人が多く見受けられます。

ところが、そのような人でも昔の話はよく覚えていて、目を輝かせて話されます。

そこで、私たちが取り入れているのが回想法です。

回想法とは、一九六〇年代にアメリカの精神科医ロバート・バトラーが提唱した、昔の写真、音楽、道具などを使って懐かしい出来事や思い出を語り合う、一種の心理療法です。

回想法を実施することで、次のような効果があると言われています。

1．自分の生きてきた歴史を振り返ることで、困難な場面を乗り越えてがんばった自分を思い出し、自信を取り戻すきっかけになります。

2．他者に人生を語って共感を得ることで、現在の自分を肯定的に受け入れられるようになります。

3．話を聞いてもらうことで不安や孤独感が和らぎ、高齢者に多いうつ症状の緩和や予防につながります。

4．コミュニケーションを取ることで、脳が活性化し、認知症進行の抑制や予防になります。

5．介護者が認知症の人の思い出を知ることによって相手に対する理解を深め、良好な関係を築くことができます。

これらの結果、認知症の人の心が安定し、介護者の負担軽減になります。

私たちが回想法を実施する上で注意をしてい

るのは、共感して傾聴すること、話がまちがっていても否定しないこと、繰り返されたとしても指摘をしないこと、話したくない時やふれたくない過去は無理に回想させないこと、話したい内容は秘密を守ることなどです。

実際に回想法を定期的に実施したことによって、どういう効果が生まれるのでしょうか。

こういうケースがありました。

対応に悩むほどの大きな声で度々怒り出す、妄想のある認知症の男性が、穏やかになって驚かされました。

また、無口な女性の高齢者が昔の家族の写真を見て涙し、亡くなったお姑さんがいかに立派だったかなどと、思い出を多弁に語られたこともあります。

そして、それを隣で聞いていた、いつもは感情を表に出さないご主人が、自分の母親の思い出を話す妻の姿を愛おしそうに見つめていた姿は忘れられません。

回想法はグループでもマンツーマンでもできます。

介護施設などにおいてグループで行うと、共通した話題でコミュニケーションを楽しむことができ、仲間作りになります。

家族がアルバムや思い出の品などを利用して昔の話を一緒にすれば、もし過去に家族間で心のすれ違いがあったとしても、その修復の機会になることがあります。

修復すべき過去がないにしても、あらためて家族のつながりを確認する貴重なひとときになるのではないでしょうか。

第4章　介護の現場で奮闘する人のために

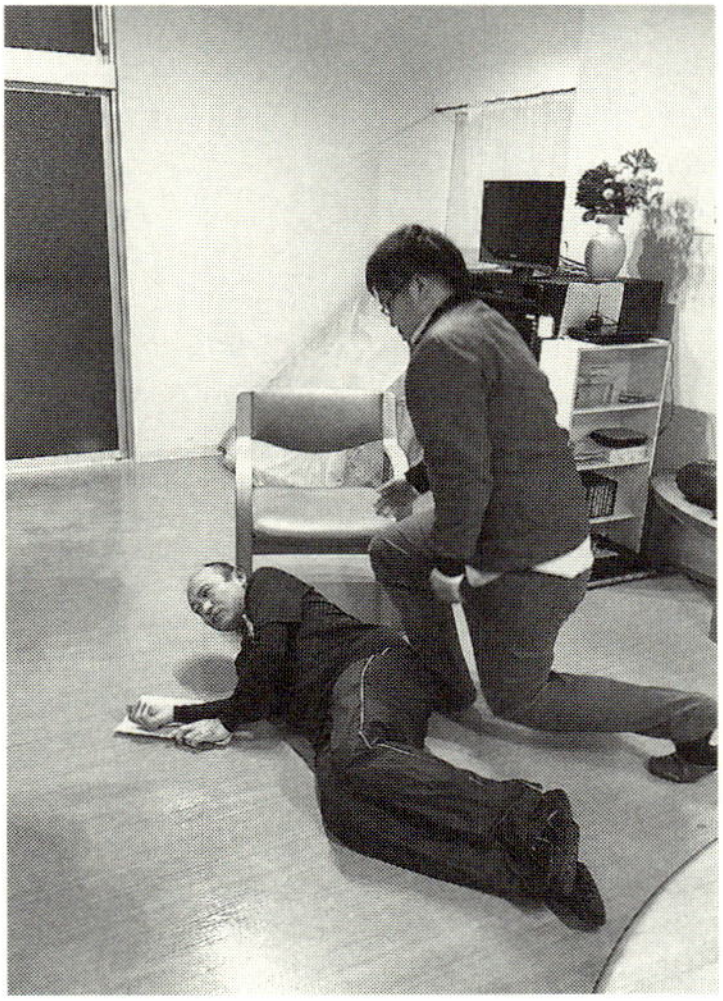

転倒防止訓練（著者提供）

1. スタッフの尊厳も守られなければならない
2. 行き過ぎた感情移入は、自分の感情を見失わせる
3. 利用者間の人間関係にスタッフはどう介入したらよい？
4. 認知症の人のニーズを引き出す支援を
5. 介護スタッフは「多いほどいい」わけではない
6. 防げる介護事故と防げない介護事故
7. できることまで介助すると「生きる力」を削ぐ
8. スタッフの都合のよいチームワークになっていませんか

第4章は、介護の現場で奮闘しているスタッフのみなさんにエールを込めて書きました。

介護の仕事は「感情労働」と言われています。自分の感情を利用者に合わせてケアするので、ストレスが大きいと言われているのです。それだけでなく、利用者の病気・ケガ・事故など、常に緊張を強いられています。

さらに、認知症介護の概論はあるのですが、徘徊・暴力・妄想などの行動・心理症状(BPSD)に対するメソッド(方法)はまだ確立しておらず、有益な指導がなされていません。そのために経験や勘に頼ってケアをすることになり、さまざまなトラブルに直面するなどして、自信を持てないスタッフがたくさんいるのです。

メソッドがないために、自立支援を謳いながら、知らず知らずのうちに、認知症の人にこちらの価値観を押し付けて、自立を妨げてしまうということも起こります。

そんな、スタッフのみなさんの悩みに少しでも応えられるよう、さまざまな課題に専門職としていかに根拠をもって対応すべきか、具体的にこの章でお伝えしたいと思います。

1. スタッフの尊厳も守られなければならない

利用者の暴力や性的声かけ

「私には介護の仕事は向いていないと思います」

新人のスタッフ、村上香さん（22歳）は、目を腫らして言いました。

話を聞くと、認知症の男性利用者に入浴の順番が来たので「お風呂に行きましょう」と声をかけたところ、急に大きな声をあげて殴りかかってきたそうです。

「その利用者が怖くて避けるようになりました。そんな自分はもう介護をする資格がありません。だから、仕事を辞めます」と思いつめた表情でした。

私は、以前利用者に杖でたたかれたことを思い出しました。**利用者にも感情がありますが、私たちスタッフにも感情があります。**仕事とはいえ、また、それが認知症の人だとわかっていても、他の人からたたかれるのは辛く悲しいことですし、腹立たしくもあります。その恐怖心は、誰にでも生ずるあたりまえの感情であることを、村上さんに伝えました。

そして、村上さんがその利用者にどのように声をかけたのか、利用者は何と言われて殴りかかってきたのか、具体的にその場面を再現しながら、他のスタッフと一緒に話し合いました。**具体的な場面を再現することは、事実を確認することになるので、スタッフが共通理解を持って、さま**

ざまな視点から原因と解決について考えることができます。さらに、利用者の気持を理解することにもつながります。

話し合いの中で、「その男性利用者は入浴が好きではないので、表情や声色を観察して、機嫌のいい時を見計らって入浴に誘っている」と発言した先輩スタッフがいました。

村上さんも、その日は朝から機嫌が悪かった男性利用者に何度も入浴の声かけをしたので、暴力的になったのではないかと気づいたそうです。

これからは利用者の状態をしっかりと観察しながら、入浴を拒否された場合はそれを受け入れ、時間を置いてから誘うということに決まりました。それから、一人でその利用者に接することはできる限り控えるよう私は村上さんに指示しました。

ある時は、中堅クラスの女性のスタッフから、「男性の利用者の居室を訪問した時に、性的な言葉をかけられるので困っている」と、報告がありました。すぐに、男性スタッフに訪問を代わってもらう配慮をしましたが、いつもそのような対応ができるわけではありません。

スタッフが、利用者との関わりの中で精神的にダメージを受けた場合は、短時間でもよいので、間を置かずに話し合いを持つことが大切です。そして、利用者への対応について検討し、スタッフ個人の悩みとして捉えないよう、チームで共有しフォローする必要があります。

介護の現場では、このような場面に出くわすことがしばしばあります。

認知症の人で暴力や性的逸脱行為のある人がいます。その原因としては、薬の副作用や、脳の萎縮、不安やさびしさなどが考えられます。私たち介護者が認知症の人への無理解と知識不足から、認知症の行動・心理症状（ＢＰＳＤ）を悪化させる場合もあります。

また、ほとんどの利用者や家族は、私たちの介護に対して理解を示してあたたかく受け入れてくださいますが、過大と思われる要求をされることがないわけではありません。

専門職としてのプライドを持って働ける環境を

介護人材の不足はますます深刻になっています。


私たちの法人では、意欲を持って働いているスタッフが辞めないよう、また心も体も健康でいるために、カウンセラーやヨガの先生と契約を結びました。スタッフは無料で利用できます。

また、法令順守のため弁護士、社会保険労務士、税理士と顧問契約を結んでいます。

まだまだ十分ではありませんが、利用者に質の高いケアを提供するために、専門職として研鑽を積めるような研修体制も整えました。

私たちの事業は介護保険で報酬が決まり、定員があるので、事業所の努力だけで収入を伸ばすことには限界があります。しかし、スタッフが専門職としてプライドを持って働けるように、介護職員処遇改善交付金の利用やむだな経費の削減によって、待遇面や職場環境の改善をしたいと考えています。

2. 行き過ぎた感情移入は、自分の感情を見失わせる

利用者の感情に呑み込まれる

介護スタッフの林邦子さん(23歳)は、いつも笑顔で利用者に接し、先輩スタッフの注意も素直に受け入れます。介護記録も適切に書けます。

彼女はでき過ぎた新人スタッフでした。私は、そこが心配でした。

ある時、林さんにしてはめずらしく、書類の提出が遅れました。

理由を聞くと、「事務所に一人でいると、利用者の牧田京子さん(77歳)がいつものように来て、他の利用者との悩みについて話されるのです」と言います。

さらに、「長時間繰り返される同じ話を聞いていて、提出期限に間に合いませんでした」と、目を伏せて答えました。

すると、先輩スタッフは「話が長引きそうな時は、次の仕事があるのであらためて聞かせて下さい、と言えばいいのよ。困ったら声をかけて」と助言をしました。

数日後、事務所の前で牧田さんが、林さんに何やら早口で話をしているのを見かけました。一時間が過ぎても、まだ二人はそこにいました。

牧田さんは、当時の女性としてはめずらしく役職のある仕事をされていたそうです。退職後、

病気をしたので、一人暮らしが不安になって施設に入所されました。

入所してからも何度も旅行に行かれ、それなりに生活を楽しんでいらっしゃいました。

ところが、二、三年前から旅行を控えるようになりました。

その頃からです。水道の蛇口を閉め忘れて部屋を水浸しにしてしまったり、他の利用者の部屋を再々訪ねたりして、トラブルになることが増えたのは。

それをご家族に伝えたところ、病院受診を勧めてもかたくなに拒否するので、むしろ施設の方から受診を促してほしいと、依頼されたのです。

そこで、管理者が牧田さんに受診の話をすると、みるみる形相が変わり「私を病人扱いする気なの」と言って、管理者の腕を強く摑みました。

そして、傍にいた林さんに「あなたは関係ないからあっちに行きなさい」と、大きな声を上げました。

牧田さんの興奮がおさまり、居室に帰るのを待って、管理者は「だいじょうぶ？　怖くなかった？」と林さんを気づかいましたが、顔を紅潮させて首を横に振るのでした。

私たちにとって利用者の話を傾聴することは、業務の一つです。共感して話を聴くのですが、**一歩まちがえると、利用者の感情なのか自分の感情なのか、わからなくなる**ことがあります。

そして、**感情移入が行き過ぎると、客観的に利用者を見ることができなくなっていきます。**常に自分がどんな感情を抱いているのかを、自己覚知することが必要です。

林さんは、牧田さんの感情に呑み込まれて、牧田さんの不安やつらさが自分のものとなっていたのです。そして、牧田さんの言動が、実は認知症から来ている可能性があると伝えても、理解できない様子でした。

だから、嫌がっている病院受診を勧めることは、牧田さんを否定することだと思い、適切な援助ができなくなっていたのです。

感情労働のストレスを自覚する

介護の仕事は感情労働と言われています。自分の感情をコントロールして利用者の感情に合わせるからです。

悲しくもないのに悲しいように振る舞うことや、腹が立っても怒りを抑えることがあります。

そのため、過度なストレスを受けると言われています。

そんな感情労働のストレスに晒されていることを、まずは知ることです。

職場をあげてストレス対策をすることは重要ですが、**ストレスと付き合う方法を自分なりに持つことも、介護の仕事を長く続ける秘訣**なのです。

私は、感情労働だからこそ得られる、利用者や家族からの感謝の言葉を思うと、ストレスが軽減しました。

まじめな人こそ、ストレスに気づかず我慢して、燃え尽きてしまうことがあります。

林さんは「わからなくなった」と言って、退職しました。

牧田さんはアルツハイマー型認知症と診断されましたが、自分の変化を認められず、自ら退所されました。

思い出すと、今でも自分の無力さに心が痛みます。

3. 利用者間の人間関係にスタッフはどう介入したらよい？

攻撃的な態度にも理由がある

「泉田三郎さん(85歳)の介護をしていると、「何もかもスタッフにしてもらってだめな人じゃねえ」と、阿川恵子さん(81歳)は、わざと大きな声で言われます。泉田さんがお気の毒なので、そんなことは言わないで下さいと、阿川さんに注意をしました」

介護スタッフからこんな報告を受けました。

「生意気だ」と阿川さんはスタッフに対し激怒したそうです。その後の阿川さんは、いつも不機嫌でどのように接すればいいのかわからなくなったと、スタッフはため息をつきました。

スタッフに「どうして阿川さんは、泉田さんが悲しむことを言うのでしょうか」と尋ねました。少しの間沈黙があって、「もしかすると、阿川さんは、さびしかったのではないでしょうか。私たちスタッフは、何かにつけ介護を必要とする人を優先してしまい、阿川さんのような自立度の高い人は、後回しにしているのかもしれません。その上、不安感もあったのだと思います。いつか自分も泉田さんのように介護される時が来るのではないかと。そのさびしさや不安で、泉田さんを攻撃するような発言をしたのではないでしょうか」と、スタッフは答えました。

阿川さんは認知症ですが、日常の生活はほとんど自立されています。ご家族が遠方にいるので、一人で生活するのは難しいと、施設に入所されました。一方、泉田さんは認知症がかなり進んでおり、物忘れもひどく生活全般に介護が必要です。

さらに、スタッフに「阿川さんはスタッフから注意を受けて、どんな気持になったのでしょうか」と、聞いてみました。

「阿川さんのさびしさや不安に気づかない私が注意しても、受け入れてもらえないのは当然かもしれません。まして、私のような年下の者から」と、スタッフは小さな声で言いました。

そして、今後どのように関わればいいかについて、スタッフと話し合いました。

スタッフ自ら出した答えは、阿川さんにさびしさと不安が和らぐよう「何か困ったことがあったら遠慮なくおっしゃってください」と、密に声をかけること。泉田さんには、阿川さんの席から見えない位置へ席の移動を提案し、了承してもらえれば席を変更するようにしました。

スタッフは、弱者と思われる泉田さんを守ろうとして阿川さんを注意したのですが、実は、**攻撃的になっている人の方こそ、表出されない悩みやストレスを抱えていることが多々あります。**

阿川さんの心のケアに気を配れば、その言動が治まる可能性は高いのです。結果として泉田さんと阿川さんの関係性も改善されます。

その後、阿川さんの泉田さんへの攻撃的な言動は少しずつおさまり、以前よりは機嫌もよくなりました。

利用者を「評価」してはいけない

施設も小さな社会です。

介護度、生活歴、性格、価値観など、すべてにおいて異なった利用者が、同じ場所で一緒に時を過ごすのです。常に円満な人間関係が保てるわけではありません。

そのため、スタッフは利用者間の介入のしかたについて悩みます。

私も自戒するところですが、介護スタッフが陥りやすいことの一つに、**利用者の言動や行動をスタッフ自身の価値基準に当てはめて、良し悪しを評価してしまう**ということがあります。

しかし、**利用者を評価したり審判すると、関係性が築けません。**あるがままに受け入れようと努めることで、信頼関係は深まるのです。

人生の先輩である高齢者は、知恵と経験を蓄えておられます。私たちは、なんと学ぶべきことが多いのだろうと、よく思うのです。

4. 認知症の人のニーズを引き出す支援を

施設入りやヘルパーを拒否されたが

「坂田すえ子さん(86歳)の家に行ったら倒れていて。今、救急車を呼んだけど」と民生委員さんから慌てた声で電話がありました。救急隊員から「保証人がいないと、搬送先の病院の受け入れが難しい」と言われたそうです。やむをえず「私が保証人になります」と答えて、坂田さんの搬送先が決まりました。

坂田さんは一人暮らしで身寄りがなく、軽度の認知症があります。そこで、民生委員さんは対応に困って相談に来られ、私たちは坂田さんの家を訪問しました。玄関のベルを鳴らしても返事がないので、家に入ると床に弁当の食べ残しや下着などが散乱していました。何度も坂田さんの名前を呼ぶと、やっと奥の部屋からはって出て来られました。

坂田さんに「食事は食べていますか」と聞くと、配食弁当を指さしましたが、入浴をしているようには見受けられませんでした。これでは、一人暮らしはとうてい無理だと思い、施設入所を勧めようと民生委員さんと話し合いました。

坂田さんに施設入所のお話をすると、「施設に入るなんてとんでもない。家にいたい」と繰り返し言われました。施設入所は、坂田さんにとってハードルが高いようなので、「ヘルパーに家の掃除や買い物、入浴の手伝いをしてもらってはいかがですか」と提案すると「知らない人が家に来るのは、いやだ」と、これも拒否されました。しかたなく、民生委員さんと私たちが定期的に訪問をして様子を見るということで、その日は帰りました。

民生委員さんはその後もこまめに訪問してくださり、倒れていた坂田さんを発見したのでした。坂田さんは無事入院となりましたが、いろいろな検査をした結果、末期の悪性腫瘍が見つかりました。

お見舞いに行ったところ、病院での坂田さんは入浴もされて、こざっぱりされていました。いつも弁当ばかりだったせいか、病院食も気に入っている様子でした。

一応の治療を終えいよいよ退院となりました。ところが、「退院したくない」と言われ始めたのです。あれほど家での生活にこだわっていたのに、今度は「家に帰りたくない。ずっとここにいたい」と言われるのです。どうして気持が変わったのでしょうか。

望まぬ入院で施設の快適さに気づく

私の頭に、**デマンドとニーズ**という二つの言葉が浮かびました。デマンドは、利用者がこうして欲しいと望むもの、ニーズはほんとうに必要な、満たされなければならないものです。

坂田さんは認知症もあり、判断力や理解力に低下があって、自分の現状を正しく理解できませんでした。坂田さんにとって**今の生活を継続することがデマンドで**、**それ以外の選択肢が考えら**

れなかったのだと思います。

ところが、望んではいなかった入院をすることになり、**温かい食事と清潔な環境、周りに誰かがいて安心できる入院生活をされたことで、自分のニーズがわかり、満たされた**のでした。

私は自分の力のなさを実感しました。もっと積極的に、ニーズを引き出す支援をすることができたのではないかと省察したからです。

たとえば、「歩くのに不便はありませんか。一緒に病院に行って診てもらいましょうか」と声をかければ、歩行に困難を覚えている坂田さんは、病院受診をしたかもしれません。

また、施設のパンフレットを見せて「施設見学だけでも一緒に行きませんか」とお誘いすれば、施設見学は無理だとしても、坂田さんの施設に対する負のイメージを払拭する機会になったかもしれません。私のした支援といえば、坂田さんを訪問し家の掃除をしただけでした。

坂田さんは入院の継続を望まれましたが、退院を余儀なくされました。そして、亡くなるまでの短い間でしたが、自宅で過ごされました。

5. 介護スタッフは「多いほどいい」わけではない

利用者が減ったのに仕事量が減らないのはなぜ？

いったい何人の介護スタッフがいれば、支障なくサービスを提供できるのでしょうか。

もちろん介護サービスの場合は、介護スタッフなどの人員基準が法で定められています。ところが、同じ介護サービスを提供していても、基準どおりの人数を配置して運営している施設もあれば、基準よりも多いスタッフを配置しているところもあります。

一般的には**利用者に対してスタッフが多いほど手厚い介護が受けられると考えがち**です。でも、必ずしもスタッフが多ければいいというものでもないのです。

このことを考えるきっかけになったことがあります。私たちの施設でのことですが、**利用者が減少したのにスタッフの仕事量に変化がなかった**のです。

利用者が減少して、スタッフが減っていないのであれば、仕事に余裕ができるはずです。その時間を、日頃できていない書類の整理や研修などに充てようと計画していたのですが、時間が捻出できませんでした。

不思議に思い、理由をスタッフに聞いてみました。「利用者の人数は減っているが、手のかかる重度の人が増えているから」との返答でした。しかし、要介護度を調べると、重度の人がそれほど増加しているわけではありません。

そこで、施設の一日の仕事の流れを見ることにしました。

気づいたのは、決められている仕事の手順や内容に、追加や変更がなされていることでした。たとえば記録です。私たちは、記録にかける時間を、利用者のケアに関わる時間に回せるように、日誌の見直しを何度も試みてきました。チェックを入れるだけの項目を増やし、記述は必要最低限で済むようにしました。記録に関する時間削減のためです。

ところが、服薬の項目を見ると、利用者が服薬した場合はチェックを入れるだけでいいのに、わざわざ「服薬されました」と記述してあります。重複しているので、これではチェック項目の意味がありません。

さらに、サービスには関係のない記述も多くあり、読むのに時間がかかるだけではなく、大切な情報を見落とす原因にもなっていました。記録は、必要な内容をわかりやすく簡潔に書くことが原則です。利用者が減少した頃から、煩雑な書き方が慣例になっており、記録の時間が増加していたのです。

記録だけではありません。

私たちのグループホームでは、手作りの食事を利用者に食べていただきたいという思いから、介護スタッフが調理をしていました。

ある時、食事作りが負担になっていると、介護スタッフからの申し出がありました。

パートの調理スタッフを採用したはずなのになぜだろうと思い、調理の手順を確認しました。すると、麻婆豆腐などの調味料は市販の物を使用するようになっていたのにもかかわらず、調理スタッフは、調味料から手作りをしていて、それを介護スタッフが手伝っていたのでした。

今まで介護スタッフ一人でやっていた調理を、調理スタッフが加わって二人になったとはいえ、手の込んだ時間のかかる調理方法で行うのであれば、介護スタッフの負担は軽減しません。

そして、このやり方では、調理スタッフがいないとできない食事作りになってしまいます。それでも調理スタッフが確保できれば、おいしい食事で利用者の満足度が上がるのですが、求人難で常時採用できるとは限りません。

仕事内容の定期的な棚卸しが必要

実は、このような事例は氷山の一角なのです。

スタッフはいつも一生懸命に仕事をしています。放っておけば、利用者や介護スタッフの増減に関係なく、仕事は増える傾向にあるのです。

そのため**管理者は、定期的に介護の仕事の棚卸しを行い、スタッフが疲弊するのを防ぐ必要があります。**

介護の仕事は、利用者の状態が一人一人違うだけでなく、スタッフの力量にも差があり、量や時間を客観的数値で示しにくいのです。それが、介護の質を下げることなくサービスを提供する

ために は、人員がどれほど必要なのか、適正な人数の把握を難しくしています。

介護スタッフの確保はますます困難になっています。常に、業務内容や手順に潜む無理やむだに気を配り、スタッフのやる気が出て、介護の質が向上するような、そんな職場風土が根づくような努力が欠かせません。

6. 防げる介護事故と防げない介護事故

「ヒヤリハット報告書」で徹底して防ぐ

「庭の掃除に行ったら、利用者の木川紀子さん(73歳)が、花壇の側で倒れていました。病院に行って受診すると右大腿骨頸部骨折で手術となり、入院されました」と、施設のスタッフから報告を受けました。

木川さんは、軽い物忘れはありますが、コミュニケーションは良好です。日常生活は自立されており、骨粗鬆症《こつそしょうしょう》はありませんでした。

病院にお見舞いに行って、木川さんに「お庭で何をされていたのですか」と聞くと、「お花を見ようとしたら、足がもつれて転げたの」と言われました。木川さんは、お天気の良い日は、庭でお花を眺めるのが日課でした。

不幸中の幸いですが、がんばってリハビリをされたので、入院前と同じ状態で退院されました。

私たちは、木川さんの転倒事故について会議を開きました。庭の構造に問題はなかったのか、転倒するような物が置かれていなかったのかなど、さまざまな方向からスタッフと一緒に考えました。しかし、これまで庭で転倒した人もおらず、防止方法は見つかりません。

そして、施設内外を自由に一人で出歩き、これまで転倒したことのない木川さんの事故は、予知できない防げない事故という結論になりました。念のため、スタッフがこまめに庭を見回りし、足元に鉢などが置かれていないか、水たまりはないかなど確認をするようにしました。

私たちの施設では、介護事故が起きた場合の「事故連絡票」と、事故につながりそうな時に書く「ヒヤリハット報告書」があります。この記録を通してスタッフ全員が情報を共有して、同じことを繰り返さないようにしています。

けれども、木川さんのような防げない事故ばかりではありません。

野村太一さん(82歳)の場合は、防げる介護事故でした。

野村さんは車椅子を使用しています。ある日の入浴時、スタッフがシャワーチェアに座っている野村さんの全身を洗っていたところ、野村さんが急に上体をのけぞらせシャワーチェアからずり落ちて、床に尻もちをつきました。その時、スタッフは一人で入浴介助を行っていました。

すぐに、ご家族に連絡をして受診をしましたが、骨折はありませんでした。

その後、ご家族に事故の経緯を説明してお詫びをしました。ご家族から、「心配をかけました。気にしないで下さいね」と言われ、そのお心遣いに返す言葉も見つかりませんでした。

私たちは、野村さんの入浴時の介護事故について会議を持ちました。その話し合いの中で、以前にもシャワーチェアに座っていた野村さんが、前のめりになって倒れそうになったことがあり、あるスタッフは、二人介助で入浴を行っていたことがわかりました。

野村さんの以前の転倒リスクや、入浴介助の変更について、一部のスタッフしか情報を共有していなかったのです。

二つの事故は分けて考える

今後の事故の防止方法として、事故につながるような状況が発生した時は、その都度ヒヤリハット報告書を書くこと、介助方法などが変わった場合は、日誌に下線を引いて目立つように記入し、さらに口頭で申し送りをすることにしました。

介護事故にあわれた利用者や家族の肉体的、精神的苦痛を思うといたたまれなくなります。介護事故を起こしたスタッフも悩み、退職にいたることもあります。

重要なのは、**ヒューマンエラーなどが原因で生じる事故と、人が生活する上で回避できない事故は、分けて考える**ことです。

これらを一緒に考えると、スタッフは防げない事故まで防ごうとして、いつも強い緊張感を強いられながら介護をすることになり、スタッフが疲れ果ててしまいかねません。

私たちは、定期的にKYT（危険予知トレーニング）を行い、防げる事故をゼロにすることを目指して研修をしています。

それでも介護事故が起きてしまったら、誠意を持って利用者や家族に納得いただけるような説明をして、心からの謝罪をすることが大切です。

7．できることまで介助すると「生きる力」を削ぐ

不親切となじられても、手を出さない覚悟

ある日の夕食時のできごとです。

「小山隆さん(87歳)が転びそうなので、食事を席まで運んであげて」と、利用者の地井真紀さん(75歳)は、食堂にいた介護スタッフに声をかけました。

この施設は身の回りのことは自分でできる人が対象なので、利用者は自分で食事をテーブルまで運ぶことになっています。けれども、介護スタッフは小山さんの配膳をお手伝いしました。次の日、スタッフは施設長に「小山さんの歩行状態を考えると、食事をテーブルまで運んだ方がいいのではないでしょうか」と、相談しました。

施設長は「小山さんはワゴンを使用すれば安全に食事を運ぶことができると思います」と、助言しました。

早速、介護スタッフは小山さんにワゴンの使用についてお話ししましたが、「まだ自分で運べます」と、断られました。

その時は、本人の考えを尊重しました、そして、念のためワゴンを使った食事の運び方を、介護スタッフと一緒に確認しました。

数日後、小山さんはふらつきながら、食事を運ばれていました。それを見た地井さんは施設長に言いました。

「どうして、小山さんの食事を運んであげないの」

施設長は、地井さんに「みなさんには自分でできることはやっていただきたいのです」と説明しましたが、地井さんは「親切心がない」と言って食堂を後にしました。

そのことがあって私たちは、食事時の配膳についてミーティングを持ちました。

そこで話し合った結論は、利用者のみなさんに、歩行に不安がある場合は、まずはワゴンを使用して食事を運ぶようお願いし、体調が悪くワゴン使用が難しい時は、スタッフが手伝うとお伝えすることでした。

さらに、「一日でも長くこの施設で生活するためには、自分でやれることは行うことです」と、ワゴンを使用する理由も説明することにしました。

それを聞いていた私は、二〇年前に入浴介助のしかたについて議論したことを思い出しました。あるスタッフは「洗髪や更衣をたとえ自分で利用者ができたとしても、介助をした方がいい」と、発言しました。その方が利用者は喜ぶという理由からです。

別のスタッフは「利用者にできることはやっていただかないと、できなくなってしまう」と、反対意見を言いました。

「やってあげたい介護」ではなく

当時の私たちは、介護の仕事を始めたばかりで、知識や経験はないに等しく、基本的な介護の方針を模索していました。

そして、**私たちが「利用者にやってあげたい介護」を提供していた**のです。

けれども、利用者のできることとできないことを観察して、できないところを支援するのでなければ、利用者の生きる力を削ぐと、さまざまな高齢者と接する中で気づいたのでした。

それでも私たちは、利用者がしてほしいと要望することが、利用者の自立になるのかどうか吟味せず、やってしまった方が早いと考えがちです。利用者に自立支援の必要性を説明しても納得してもらえず、関係性が悪くなるのが嫌なのも一因です。

私たちの**関わり方次第で、利用者は依存的になり、ＱＯＬ（生活の質）に影響が出る可能性**があります。そこを理解すると、支援方法が変わります。

その後、地井さんから「入れ歯の具合が悪いので、食事をお部屋に持って来て。食べているところを他の人に見られるといやだから」と、頼まれたことがありました。

そこで、スタッフは「自分で食事をお部屋まで持って行くのは無理ですか」と返答しました。

地井さんは「歩けるので、自分で食事を運びます」と言って、苦笑いをされました。

8．スタッフの都合のよいチームワークになっていませんか

告げ口でなく、アイ（Ｉ）メッセージで改善を

私たちの施設では、施設長とスタッフとの個別面談を一年に最低二回は行っています。面談内容は、目標とする介護のことや職場の人間関係、体調にまで及びます。

その面談時のことです。「何か困ったことや悩んでいることはありますか」と、介護スタッフ谷咲絵さん（32歳）に聞きました。

すると、「告げ口のようなので、迷ったのですが」と、言いにくそうに話し始めました。

「先輩スタッフが、度々利用者の前で後輩スタッフを叱るのです。それを見ている利用者は自分のことのように、畏縮されています」

谷さんは、畏縮された利用者のことを考えて施設長に先輩スタッフのことを相談しました。しかし、それが先輩に伝わり、自分との関係が悪くなるのではないかと恐れると、このような問題は表面化されないことがあります。そうなると、利用者は不快な思いを強いられ続けてしまいます。

私は**後ろめたさを感じないで相談する方法として、アイ（Ｉ）メッセージがある**ことを谷さんに説明しました。

アイメッセージとは、主語を私（I）で話すことです。先輩スタッフ（YOU）の問題点を上司に話すと告げ口になると考えがちですが、自分の問題として伝えると、相談しやすくなります。つまり、「私（I）は、先輩が利用者の前で後輩を叱っているのを見て悩んでいます」と話すと、それは自分の悩みになるからです。

その後、先輩との個別面談時に、「後輩を指導する場合、どんなことに気をつけていますか」と、聞いてみました。

すると、「何度注意をしても同じことを繰り返すスタッフには、忘れないようその場で注意をしています」と、瞬きもせず言いました。

「利用者が傍にいる時は、何か配慮していますか」と、再度尋ねると「利用者のいる前でスタッフへの注意は控えるべきですが、そこの気配りは欠けていました。次から気をつけます」と、考えながら答えました。

そこで、「私も気づかずに同じことをしているかもしれません」と、伝えました。

介護の仕事は、多職種が連携してチームでケアをします。一人のスタッフだけでサービスを提供することはできませんから、**他のスタッフとの人間関係が重要**になってきます。**関係性が悪化すると仕事に影響が出るので、利用者が少々つらい思いをしていても、スタッフとの関係を優先させてしまう危険性がある**のです。

そのため、私たちはそれぞれの事業所で、半期ごとに「チーム目標」を決めて仕事をしていま

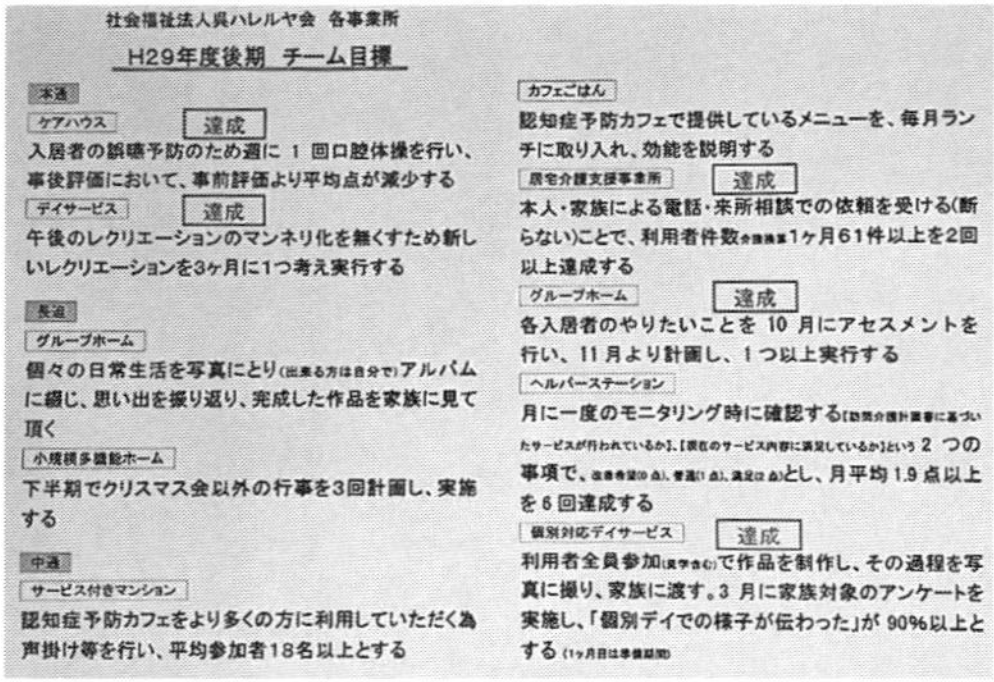
社会福祉法人呉ハレルヤ会　各事業所

H29年度後期　チーム目標

本通

ケアハウス　達成

入居者の誤嚥予防のため週に 1 回口腔体操を行い、事後評価において、事前評価より平均点が減少する

デイサービス　達成

午後のレクリエーションのマンネリ化を無くすため新しいレクリエーションを3ヶ月に1つ考え実行する

長迫

グループホーム

個々の日常生活を写真にとり(出来る方は自分で)アルバムに綴じ、思い出を振り返り、完成した作品を家族に見て頂く

小規模多機能ホーム

下半期でクリスマス会以外の行事を3回計画し、実施する

中通

サービス付きマンション

認知症予防カフェをより多くの方に利用していただく為声掛け等を行い、平均参加者18名以上とする

カフェごはん

認知症予防カフェで提供しているメニューを、毎月ランチに取り入れ、効能を説明する

居宅介護支援事業所　達成

本人・家族による電話・来所相談での依頼を受ける(断らない)ことで、利用者件数1ヶ月61件以上を2回以上達成する

グループホーム　達成

各入居者のやりたいことを 10 月にアセスメントを行い、11 月より計画し、1 つ以上実行する

ヘルパーステーション

月に一度のモニタリング時に確認する【訪問介護計画書に基づいたサービスが行われているか】、【現在のサービス内容に満足しているか】という 2 つの事項で、(改善希望(0点)、普通(1点)、満足(2点))とし、月平均 1.9 点以上を 6 回達成する

個別対応デイサービス　達成

利用者全員参加(見学含む)で作品を制作し、その過程を写真に撮り、家族に渡す。3 月に家族対象のアンケートを実施し、「個別デイでの様子が伝わった」が 90%以上とする(1ヶ月目は準備期間)

著者の施設で行っているチーム目標設定

す。

チームが一丸となって利用者に喜ばれるケア目標に向かって協働することで、マンネリ化せず互いに切磋琢磨したいと願っています。良いチームは、スタッフが馴れ合うことなく、緊張感を忘れず助け合っています。

その結果、最も高い目標を達成したチームには、表彰状と金一封が授与されます。

このような取り組みを重ねることで、強固なチームビルディング(メンバーそれぞれが能力を発揮しながら目的達成を目指す組織)を創る努力をしています。それが、利用者へのケアに反映されると考えるからです。

「スタッフからすると都合のいい職場」

ある時、よその施設の女性スタッフからチームケアについての相談を受ける機会がありました。

「私の職場は古いスタッフが辞めないので、離職率は低いです。けれども、辞めないのは、不適切な介護をしていても誰も注意をしないからです。上司も現状をわかっていますが、スタッフが辞めたら困るので黙認しています。スタッフからすると都合のいい職場なのです。でも、かなしそうな利用者を見ると、時々このままでいいのか悩みます」

その話を聞いた私は、「そんな職場から離れたいと思いますか」と、尋ねました。

彼女は「いいえ、辞めたくはありません。やはり働きやすいですから」と戸惑いながら答えたのでした。

コラム4　介護者のストレスを軽減するコツ

介護の仕事は感情労働と言われています。介護者が、利用者の感情に自分の感情を合わせてケアをする場面が多くあるからです。

たとえば、私たちは利用者が悲しんでいたら悲しそうにし、楽しんでいたら楽しそうにして合わせます。つまり、自分自身は悲しくも楽しくもないのに、そのような感情を働かせているわけです。そのため、感情に負荷がかかり、ストレスが大きいと言われています。

そこで、介護の仕事に携わる人だけでなく、家族などを介護している人など、広い意味での介護者のストレスを軽くするためのコツについてお話ししたいと思います。

1．自分の思考の傾向性や癖を知ること。

知人を食事に誘って断られた時、「嫌われているのかもしれない」とネガティブに考える人もいれば、「予定があったのだろう」と気にしない人もいます。

そのように、自分がどんな思考をするのか客観的に知ることが大切です。悲観的に考える人はその癖を見直してみましょう。

2．没頭できる趣味や楽しみを持つこと。

少なくともそのことに時間を割いている時はストレスから解放されますから。

3．一人で悩みを抱えないで信頼する人に相談すること。

悩んでいることを言語化して話すと、ストレスは軽くなります。

4．ストレスは自覚がなくても心身に表れる。

ストレスフリーだと自分で思っていても、肩こり、頭痛、下痢、不眠、イライラ、集中力の欠如などに表れる人もいます。そんなサインが出たら、仕事をスローにして意識して休養することです。

5．いつもの自分と違うと感じたら、早めに神経内科などを受診しましょう。

ちなみに、私はストレスに鈍感で、身体に症状が表れる傾向があります。すると、利用者やスタッフなど周りの人たちに笑顔で接することができなくなります。

私がここに挙げたコツ以外で行っているのは、毎朝聖書を読んでお祈りすることです。心が落ち着き平安になります。

続いて時間があれば、楽な姿勢で目を閉じてゆっくりと腹式呼吸を繰り返します。深い呼吸をすることで自律神経が整い、リラックスします。

また、ストレスはつらくて悲しいことだけでなく、結婚や昇進などのうれしいことも原因になります。人間にとって変化はストレスなのです。

ストレスの悪い面ばかりを書きましたが、最大のストレスは、まったくストレスがない状態だと私は思っています。

誰でも生きている限り、ストレスから逃れられません。ストレスをどのように受け止めていかに乗り越えるかで人は培われるのではないでしょうか。

だとしたら、ストレスは「私を成長させる友」だと思ってつきあいたいものです。

第5章 社会の中での介護の役割

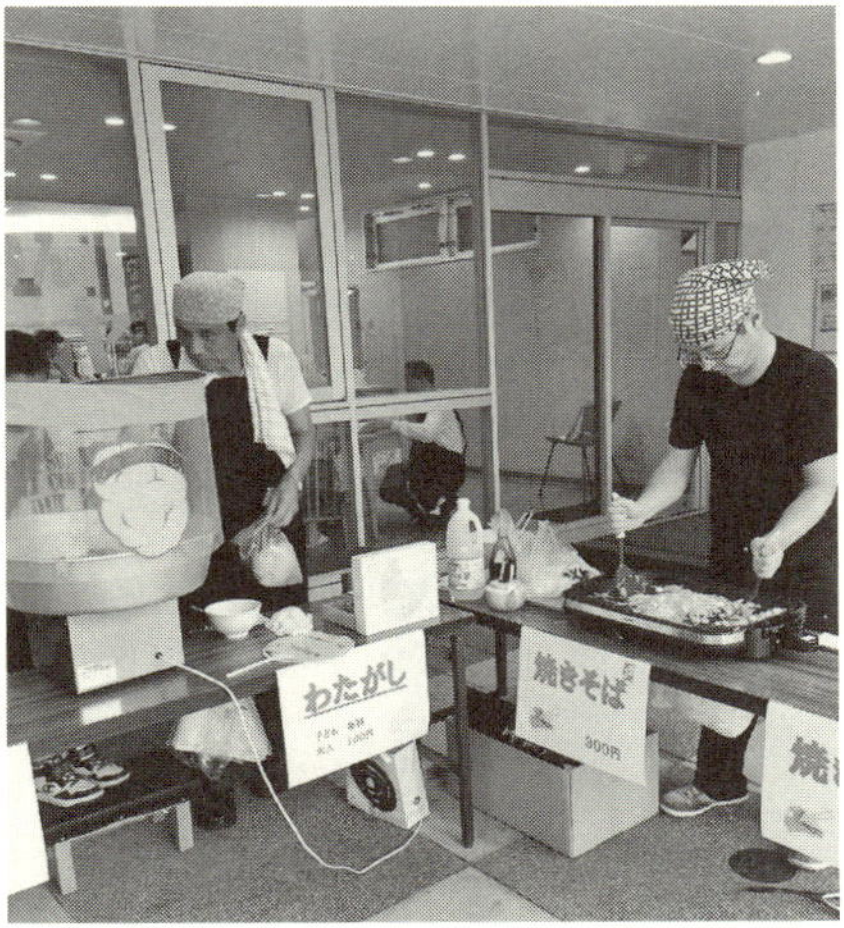

焼きそばなどの屋台を出した夏祭（著者提供）

第5章では高齢化社会に起因する社会問題を取り上げています。介護は政治・経済と密接に関係しており、切り離して考えることはできません。

二〇〇〇年に介護保険制度が創設され、家族が主体となっていた介護を社会全体で支えるような仕組みができました。当時私たちは、介護保険制度を広く知って利用してもらうため、行政から依頼され、普及活動に励みました。その結果、利用者は増加し、介護給付費も増え続け、国の財政を圧迫することになりました。

そこで、二〇一二年に改正介護保険法が成立し、地域包括ケアシステムの構築を推進するようになりました。地域包括ケアシステムとは、高齢者が住み慣れた地域で最後まで暮らし続けられるように、サービスを一体的に提供するシステムです。

そして、介護サービスだけでは支えきれない地域の高齢者のさまざまな課題を、自助・互助・共助・公助によって解決するよう求められています。

しかし、少子高齢化の影響で地域社会は崩壊しつつあります。さらに、独居の認知症高齢者の増加、越えられない医療と介護の連携の垣根が、地域包括ケアシステムの推進を妨げています。

そんな現状を知っていただき、どうすれば認知症になっても安心して暮らせる地域創りができるのか、問題提起をしたいと思います。

１．介護の仕事はほんとうに３Ｋなのか？

介護保険改定の影響

いつ頃からでしょうか。介護の仕事が、３Ｋ「きつい・汚い・給料が低い」と言われ始めたのは。一二、三年前までは、職場説明会を開催すると、学生が列をなして参加していました。当時、福祉介護は将来性のある安定した職業とされ、今日のように人材の確保に困ることはありませんでした。

特に介護保険制度が導入される前の社会福祉法人は、地方公務員の給与規程に準じていたので、他の産業と比較して給料が低いという風評はなかったと記憶しています。

振り返ってみると、**介護の仕事のネガティブなイメージが拡散されたのは、二〇〇六年の介護保険法改正で地域密着型サービスが創設された後から**です。

地域密着型サービスとは、認知症の人や要介護者の住み慣れた地域での生活を支えるため、身近な市町村指定の事業者が地域住民に提供するサービスです。このサービスによるグループホームや小規模多機能型居宅介護事業所などは、施設の規模が小さいので、空いている民家などを活用するなど、資金が少なくても開設できます。

そこに、今までの大規模施設でのケアのあり方に満足していなかった志のある人たちが、利用者のニーズに個別に応えるケアを目指して起業したのです。もちろんそのような理想をかかげて起業したところばかりではなかったと考えていますが。

ところが、二〇一三年に起きた長崎のグループホームの火災をきっかけに、スプリンクラーの設置基準の強化や夜勤者の配置基準が厳しくなりました。その上、二〇一二年の法改正で、介護報酬はマイナス改定となり、その結果として小規模事業所の経営を圧迫したのです。小規模事業所の開設を後押ししたのは厚生労働省でしたが、方針を変えたことになります。

当然のことですが、高齢者は増え続け、その受け皿として、地域密着型サービスのみならず有料老人ホームなども新規オープンし、介護人材の求人は大幅に増加しました。小規模事業者は経営が厳しいため、低賃金で福利厚生も研修制度も整っておらず、恒常的な人手不足に陥りました。その結果、離職率は高くなります。

さらに、追い打ちをかけるように、マスコミが介護の仕事は３Kだと、小規模事業所の実態にフォーカスした報道が相次ぎました。こうして介護からの人材離れは、加速していきました。

しかし、ほんとうに福祉介護の仕事は、３Kなのでしょうか。

二〇一六年度の介護労働安定センターの調査によると、正規介護職員の離職率は、一六・七％で、全産業の平均一五％と比べ、著しく高いとは言えません。離職理由も「職場の人間関係」が一位で、「きつい、汚い」を反映する「仕事の内容」への不満が上位に入っているわけではありません。「収入が少ない」は五位でした。

社会福祉法人の離職率は平均より低い

法人格別の離職率は、社会福祉法人一二・九％、医療法人一二・九％、民間企業が一九・七％でした。社会福祉法人などは、全産業平均一五％よりも低いのです。事業所の規模では、一〇〇人以上の大規模事業所は一一・五％ですが、一九名以下の小規模事業所は一八・九％と、離職率が高くなっています。事業所規模が影響していることは明確です。

離職者のうち六一・九％が三年以内に辞めています。介護分野であれば就職できると考えたものの、実際に仕事に就いてみると、理想とのギャップに直面し、早々に退職となっている状況が見えてきます。

介護の仕事は、対人援助なので、利用者の身体や心の変化に気づく力、信頼関係を築くためのコミュニケーション力、そしてチームワークで仕事をするので協調性が求められます。それだけ大変な面はありますが、感動、感謝、やりがいを得られる仕事です。

高齢者が好きで、介護の仕事に誇りを持って働いている仲間が私のまわりには多くいます。**人の役に立ちたいという思いで介護の職に就いた適性のあるスタッフが、専門職として社会に認められ貢献すると、後から介護に入ってくる人材が続きます。**

そのためには、私たちも、根拠のある介護知識と技術を極めるとともに、それを支える専門職としてのふさわしい待遇が必要だと考えています。

2. 服薬忘れから見える在宅介護の問題

介護と医療の連携が必要

認知症の人が、住み慣れた地域を離れることなく一人で暮らすには、解決しなくてはならないさまざまな問題があります。

生田多嘉治さん(81歳)にとっては、服薬でした。生田さんは軽度の認知症はありますが、ヘルパーやデイサービスを利用して独居生活を継続していました。

ところが、ケアマネジャーが自宅を訪問した時、居間に飲み忘れている薬を発見したのです。このところ生田さんはデイサービスの利用日をまちがえることもあり、物忘れが進行していました。

そこで、ケアマネジャーは朝、昼、夕とばらばらになっている薬を生田さんが自分で選んで飲むのは難しいと思ったので、それぞれ一包化してもらうように勧めました。

薬の管理ができなくなったからといって、すぐに薬剤師に服薬管理を依頼すれば、生田さんの能力とプライドを損ないかねません。まずケアマネジャーは薬を一包化することで様子を見たのですが、その支援方法では服薬できないことがわかりました。

それで、薬剤師に服薬管理をしてもらってはどうかと生田さんに提案しました。

初めは「自分で飲める」と言っていましたが、ケアマネジャーから残薬を見せられて、薬剤師の訪問を承諾されました。

続いて、離れて住んでいるご家族に、生田さんが服薬できるようにケアプランを見直したいと伝え、ご家族にも服薬確認の電話をしていただくようにお願いしました。

医師には生田さんの状況を説明し、どうしても必要な薬のみに絞れないかなど相談しました。その結果、朝食後にまとめて服薬することになりました。

薬剤師は、定期的に訪問をして服薬カレンダー（壁にかけるカレンダーにポケットがついていて、朝、昼、夕、寝る前など飲むタイミングと日曜日から土曜日が書いてある）に一包化して日付を入れた薬を入れて、まちがいなく飲めるように支援しました。

服薬が朝だけになったので、ケアマネジャーは、朝食後ヘルパーが生活援助に入り、その時服薬の声かけをするようにケアプランを変更しました。ヘルパーが入らない日は、デイサービスの利用時に服薬の確認をすることにしました。

服薬カレンダーの中に入っている薬を毎朝順番に飲めばいいので、飲み忘れや飲みまちがいは減少しました。在宅の認知症の人にとって、服薬は避けては通れない問題なのです。

しかし、二〇一八年の制度改正では、利用者の自立支援や重度化防止、地域資源の有効活用などの観点から、ケアマネジャーが居宅サービス計画の中で一定回数以上の訪問介護（生活援助中心型）を位置づけた場合には、保険者に届け出が必要となりました。

このことは、介護保険の不適切なサービス利用の抑制につながり、社会保障費を抑えられるので異論はないのですが、もし本気で社会保障費のむだを見直すのであれば、医療と介護の連携なくして考えられません。

薬一つとってもいろいろな問題が見えてきます。認知症高齢者の自宅で、飲まれていない薬を何度目にしたことでしょう。段ボール箱いっぱいに薬が入っていたこともありました。いくら治療に必要な薬であったとしても、服薬しなければ意味がありません。

服薬できない利用者について、ケアマネジャーが医師や薬剤師に服薬の回数、数量、形態を相談して連携を取れば、治療や節税につながります。

医療と介護の壁がなくなり、情報の共有がスムーズに行われたならば、不必要な費用が表面化し、社会保障費がもっと抑えられるのではないでしょうか。

そんなむだを見直して、生田さんのように、現状のサービス量によって生活が成り立っている利用者が、ほんとうに必要なサービスまで減らされないよう、小さな声でも発信していきたいと思っています。

３．介護施設で看取るということ

最期への過程すべてが看取り

団塊の世代が七五歳以上になる二〇二五年には、年間一六〇万人が亡くなる多死社会が到来すると言われています。

ますます**看取りの場の確保が深刻な問題となっており、介護施設もその役割を果たすように期待されています。**

私たちのグループホームでも、入居者は高齢となって認知症も重度化し、入居者や家族からこの施設で最期を迎えたいという声が上がるようになりました。

その思いに添いたいと、およそ四年前から、看取り介護について検討を始めました。

当時は、管理者やスタッフも、医師や看護師が常時いない施設で看取ることに不安と抵抗が強くありました。

けれども、まずは講演会や研修会に参加して学んでみようということになったのです。

その学びの中で、**看取り介護とは、一般に認められている医学的知見に基づいて、回復の見込みがないと医師に診断された入居者に対し、その身体的・精神的苦痛を緩和、軽減し、人生の最後まで尊厳ある生活を送れるよう支援すること**だ、ということがわかったのです。

私たちは、看取り介護を「死の瞬間をだけ看ること」だと誤解していたことに気づきました。生活の延長上にある自然な死の過程を支えるのだと、理解していなかったのです。

振り返ると、たとえば老衰で食事ができない入居者に何とか食べてもらおうと、キザミ食がだめならミキサー食というように無理を重ねていたのです。さらに経口摂取が難しい入居者については、介護施設では限界があるとして、病院にバトンタッチすることはやむを得ないと考えていました。

しかし、昔は家で老衰の家族を看取っていたわけです。そう考えると、病院ではなく、施設で看取るということに自信が湧いてきました。

私たちは看取りに関する指針やマニュアルなどの作成に取り組み、医師、看護師、ケアマネジャー、栄養士、介護士、それぞれの役割と連携のしかたを確認しました。

協力病院の医師は定期的に施設を訪問して診療していたので、二四時間の連携は取れており、看取りの体制は十分に整えることができました。

自然の摂理を肯定して寄り添う

すると、まるでそれを待っていたかのように、介護スタッフから「入居者の岡田亜子さん(91歳)が、弱って食事を食べなくなりました」と、報告がありました。

ご家族もその変化を知って、「最後はここで看取ってほしいのです」と、おっしゃったのです。

そこで、ご本人とご家族に急変時や終末期の医療のあり方について意思確認を行いました。ご家族は、積極的な治療は希望されませんでした。食事が経口摂取できなくなっても、点滴などはせずに自然経過に任せるとのことでした。

その後、岡田さんはいよいよ経口摂取が困難になり、眠っている時間も長く発語も少なくなりました。そうした岡田さんの変化を見て、看取り期に入ったと考えました。

管理者は、ご家族と一緒に医師の所見を聞きました。医師は回復の見込みはないと診断をしましたが、私たちは看取り介護の主体は家族なので、終末期の考え方が途中で変わってもいいと伝え、再度意思の確認をしました。

また、食事はミキサー食にしていましたが、無理に介助しないで、ゼリーや果物をジューサーにかけるなどして、好きな物を食べていただくことにしました。

ケアマネジャーは、ご家族に、看取り介護計画書に同意していただき、希望すれば岡田さんの部屋に泊まれるよう環境を整えました。

看護師は医師と相談して、苦痛を感じるようであれば手足のマッサージをし、可能であれば入浴や清拭をしました。さらに、三時間ごとに血圧、脈拍、体温、呼吸などのバイタルチェックを行いました。

そして、いよいよその日がきました。介護スタッフがお部屋を訪問したところ、血圧と動脈血酸素飽和度が下がり、エラーが続いたのです。

すぐに医師に連絡をしましたが、しばらくして岡田さんは大きく息を吸って亡くなりました。幸いなことにご家族が付き添っていたので、一緒に見送ることができました。

二〇一六年に初めての看取り介護を行い、これまで五人の入居者の終末期を支えてきました。私は一人を除いた四人の入居者と最後のお別れをすることができました。みなさん苦しむことなく、穏やかな死でした。

死に向かう自然の摂理を肯定して寄り添ったご家族や私たちは、言葉では言い表せない厳粛な思いに満たされたのでした。

4. 独居の認知症高齢者が増えている

「小規模多機能型居宅介護」は柔軟に対応できる

「認知症の叔母のことで相談があるのですが」と、私たちの施設にある相談センターに来られたのは、向山松子さん（78歳）の遠方にいる親戚の人でした。

向山さんは一人暮らしをしています。直近のことは忘れていますが、会話はできます。食事は自分で近所のスーパーに行って弁当を買って食べているので、ご自身からすると、生活上困ったことはありませんでした。

しかし、野良猫に餌をやるので家は猫屋敷になっていました。近所の人が見兼ねて遠方にいる親戚の人に連絡し、相談センターに来られたのでした。

さっそく介護保険を申請したところ、要介護1と認定され、担当の居宅介護支援事業所のケアマネジャーが選ばれました。

ケアマネジャーは、デイサービス（自宅まで迎えに行き、入浴、食事、機能訓練などを提供する日帰りサービス）を利用して、自分では難しいと思われる入浴と服薬をしたらどうかと、本人と親戚の人に提案しました。

ところが、いくら説明をしても、向山さんは、入浴は家で入っているし、服薬の必要はないと介護サービスを拒否され、利用にはつながりませんでした。

困ったケアマネジャーは、小規模多機能型居宅介護の利用を、再度提案しました。

小規模多機能型居宅介護は、利用者や家族の必要に応じて、在宅で、デイサービス（通い）、ショートステイ（宿泊）、ヘルパー（訪問）のサービスを組み合わせて受けることができます。

利用者からすると、通い、宿泊、訪問のサービスを一つの事業所のなじみのスタッフから提供されるので、安心感があります。

小規模多機能型居宅介護事業所のケアマネジャーは、向山さんが、認知症のために、何度お会いしてもその時々が初対面となってしまうので、まずは顔なじみになれるよう、安否確認の訪問を毎日させていただきたいと申し出ました。意外にもそれはさほど抵抗なく承諾されました。

向山さんが予定の時間に家にいなければ、時間を変えて訪問します。利用定員が二九名以下と小規模なので、このように柔軟な対応ができるのです。

毎日訪問して向山さんとの関係性が深まれば、宿泊や通いにつながる可能性があります。そうなれば、独居で閉鎖されていた生活が、他者の支援の手が入ることで一変するのです。

心を開いた矢先に

初めは、玄関先での安否確認さえ、本人が留守のことが多く何度も訪問する必要がありましたが、慣れると向山さんの生活パターンがわかるようになりました。そこで、家にいる時間を見計らって服薬の支援にも入れるようになりました。

スタッフが一緒に病院に付き添うことも嫌がらなくなり、だんだん心を開いてくれて、ついに事業所に通所できるようになったのです。

しかし、喜んだのも束の間でした。向山さんが若い男性にキャッシュカードを渡し、口座からお金が引き落とされていたことが判明しました。

男性は、度々向山さんの家に上がり込んでいたそうです。

実は今、向山さんのように、**家族が遠方にいて、独居している認知症高齢者が増えており、ごみ屋敷、小火《ぼや》騒動、行方不明などさまざまな問題が発生している**のです。

国はそんな認知症高齢者を地域で支えるために地域包括ケアシステムの構築に取り組んでいます。しかし、往々にしてその地域は高齢者ばかりで、認知症高齢者を支えきれないのが実態です。

私たちは、認知症の向山さんが地域で安心して暮らせるよう、時間をかけて信頼関係を築いたつもりでした。ところが、私たち以外にも彼女の心に入り込んでいた人がいたことには、気づけなかったのでした。

5. 災害弱者の高齢者を守る態勢を

豪雨災害　隣近所の支え

二〇一八年七月七日(土)早朝、携帯電話の音で飛び起きました。スタッフからです。

「外を見ましたか。道が川のようになっています」と、興奮した声が電話口から聞こえてきました。あわてて窓を開けてみるとひどい雨です。

私たちの町は、その日から陸の孤島となったのでした。

その後、豪雨の影響で道路が通行止めになって、勤務できないスタッフが続出しました。その上、近隣でも断水している地域があるとの知らせも入ってきました。

出勤できるスタッフに勤務変更を頼み、施設の入居者にはいつもと変わりない生活を過ごしていただけるよう整えました。

問題は、地域で一人暮らしをしている高齢者です。

前日にケアマネジャーが気になる利用者に電話し、大雨が降る恐れのあることを伝え注意を促していましたが、さらにスタッフは手分けして在宅の高齢者に安否確認の電話をし続けました。

もし、避難所に行けず自宅に取り残されている人がいれば、すぐに対応する必要がありますし、水や食料品がなくて困っている人がいれば、届けなければなりません。

しかし、いちばん心配していた独居の認知症高齢者は、隣近所の人たちが気づかって水や食事を差し入れてくれました。また、ヘルパーやケアマネジャーは、給水所に行けない高齢者の自宅まで水を運びました。そんな共助の底力に感動しました。

かつて呉は海軍の町だったこともあり、今も人口に比べ総合病院も多く、インフラは整っています。だから、災害には強いと私は勝手に思い込んでいました。

まさか土砂災害で市内につながる鉄道や主要な道路が遮断されるなんて、夢にも思わなかったのです。

いつ断水してもいいように貯水しましたが、今までの経験からすると、すぐに断水は解除されるものと、安易に考えていました。

ところが、数日経っても断水は解除されず、物流は止まって、ますます物資が手に入りにくくなりました。

そんな中、多くの高齢者が断水で入浴できないでいることに気づきました。

私たちの施設は断水していないので、困っている人たちのために施設を開放して、入浴支援をしたいとスタッフに相談すると、快く賛成してくれました。

さっそく行政や地域包括支援センター、居宅介護支援事業所に連絡して、入浴できない高齢者やその家族を受け入れたところ、たいそう喜んでいただきました。

さらに、呉地区の福祉施設救援物資拠点やキリスト教会ボランティアセンターの事務局となり、私たちでできる支援をすることにしました。

また、海外や全国から駆けつけてくれたボランティアは、被災地の負担にならないよう、寝袋と食料を持参していて、キリスト教会に宿泊する予定でした。教会だけでは間に合わないので、宿泊先として施設を開放しました。

炎天下、過酷な作業に愚痴もこぼさず、讃美歌を歌いながら土砂を取り除く海外のボランティアの姿に、被災された人たちだけでなく、私たちも勇気をもらいました。

行政・住民・福祉施設の連携で被害を最小限に

不幸中の幸いで、私たちの周りの高齢者の人命は守られましたが、**被害にあった人の七割超が六〇歳以上**であると聞き、心が痛みます。

その原因の一つとして、特に**独居の高齢者は災害情報を入手しにくい**ことが考えられます。加えて、避難しようとしても自力では難しい人、またそのタイミングを判断できない人も多いのです。

災害時には何よりも早めの避難が重要です。行政と地域住民や私たち福祉施設が連携すれば、危険な場所に住んでいる独居の高齢者の情報が把握できます。

避難準備・高齢者等避難開始が出た時には、リスクの高い人たちに対して、あらかじめ決めておいた担当の者が声かけをして、避難するようなしくみをつくることで、犠牲者を最小限にとどめることができるのではないでしょうか。

その受け入れ先の一つとして福祉施設が協力できれば、災害で涙する被災者を少しでも減らせるのではないかと、一人で悶々としています。

国が推進している地域包括ケアシステムでは、独居の認知症高齢者は住み慣れた地域に住み続けるのです。**災害があったとしても安心して暮らせる地域づくりは緊急課題**です。

これ以上高齢者を災害弱者にさせないためにも。

6. 要介護の利用者のための施設をつくった理由

たばこの吸い殻を発見

岡林優介さん（78歳）をケアマネジャーが訪問したところ、アパートの一室で低栄養と脱水で倒れていました。

一人暮らしは無理だと判断したケアマネジャーは、岡林さんにケアハウスの入居を勧めました。**ケアハウスは、自分で身の回りのことができる六〇歳以上の人が対象の施設**です。食事付きで個室、部屋には緊急通報装置が設置され、二四時間スタッフが常駐しているので安心です。一定のルールはありますが、外泊や外出もできます。利用料も、所得によって県からの補助が入るので、年金の少ない岡林さんにとって、理想通りの施設だったのです。

ところが、施設に入居するためには身元保証人が必要です。岡林さんは結婚しておらず子どもや兄弟もいません。ケアマネジャーは、遠縁の人に頼んで身元保証人になっていただきました。また、面接を受けなければなりません。認知症があると入居できないことがあるので、ケアマネジャーは軽い物忘れのある岡林さんに、入居の判定が下りるのか心配をしていました。

その面接時、岡林さんはやせて目に力がなく、無精ひげが生えていました。何を質問しても小さな声でぼそぼそと話されますが、何とか受け答えはできました。そしてめでたく入居の運びとなりました。

入居してからの岡林さんは、三食栄養士の管理した食事を食べ、規則正しい生活をされたせいか、血色がよくなりました。施設で用意した風呂に入り、髭をそり、散髪をして見違えるようになりました。

最初の頃は、食事以外の時は部屋に閉じこもっていましたが、施設での生活にも慣れ外出をするようになりました。外出できるほど元気になったことにケアマネジャーと私たちは安堵しましたが、ある日スタッフがお部屋に行くと、たばこの吸い殻を発見しました。

驚いたスタッフは、「たばこを部屋で吸ったのですか」と聞くと、「うん」と悪びれずうなずかれたのです。スタッフは決められた喫煙場所で吸うようお願いしました。

数日後のこと、夕食の時間を過ぎても、岡林さんは施設に戻ってきませんでした。心配になったスタッフは、以前行きつけの食堂があると言われていたのを思い出し、探しに行くと、そこにいました。

「もう遅いので帰りましょう」と声をかけると、食堂のマスターが、「この人は昔の常連さんだけど、いつもなかなか帰らないので困っていた」と、眉間にしわを寄せて言われました。スタッフは謝罪をして、岡林さんを連れて帰りました。それを聞いたケアマネジャーは、岡林さんに喫煙と外食は控えるよう説得に来ました。

苦渋の決断

ところが、今度は岡林さんの部屋の畳に、たばこの焼け跡を見つけたのです。スタッフは、「部屋でたばこを吸ったら退去になりますよ」と厳しく注意をしましたが、同じことが何度も繰り返されました。

もしかしたら、物忘れが原因ではないかと、病院に行ってもらったところ、認知症という診断がなされたのです。このままではたばこの火の不始末で火事になり、周りの利用者を巻き込むことにもなりかねないと思った私は、苦渋の決断をしました。

岡林さんに退去のお願いをしたのです。そして、認知症があっても入居できる次の施設を一緒に見学に行きました。見学から帰った岡林さんは、「ここにいたい」と、つぶやかれました。そのさびしそうな横顔を見て、私は返す言葉がありませんでした。

その後、岡林さんは退去され、次の施設で亡くなられました。

当時、私たちの法人には、要介護の利用者を受け入れる施設がありませんでした。

このことをきっかけに、私は**ケアハウスの利用者が介護を必要とした時に、入居できる次の施設をつくろうと決心した**のです。

7．社会福祉法人ができる地域貢献

子育て世代、障害者にも開かれた施設

「そちらの施設の近くに、いい土地があるから見てもらえますか」

不動産屋に言われて、歩いて数分の場所に行ったのは二〇一一年のことでした。土地を見て最初に頭に浮かんだのは、以前施設見学をして「私もここでみなさんと一緒に食事を食べたいわ」と言われた、近くに住む高齢者の一言でした。その時私は「施設では入居者の食事しか作らないのです」とお断りしたのでした。

そのことが思い出され、高齢者に手作りの温かい食事を食べていただける場所を提供したいと考えるようになりました。この思いは、**高齢者だけではなく障害者、子連れのママ、会社員なども利用できるカフェを創り、地域貢献したいというビジョン**に変わりました。

そのビジョンは現実となり、二〇一三年、新しい施設がオープンしました。五階建の一階には、カフェ、居宅介護支援事業所、地域相談センター、事務所、二階は、グループホーム、認知症対応型デイサービス、ヘルパーステーション、三～五階はサービス付き高齢者向け住宅(サ高住)です。

一階のカフェは、サービス付き高齢者向け住宅の利用者の食堂ですが、一般の人も利用できる

ようにしました。カフェの運営は初めてでしたが、幸いなことに、私たちには栄養士や調理師などの有資格者がいます。

食事作りを得意とするスタッフでプロジェクトを組み、コンセプトを考えました。一般のカフェと同じであれば、単なる収益事業にすぎません。社会福祉法人である私たちが、「カフェでできる社会貢献とは何だろうか」と、何度も自問自答しました。

その結果、高齢者は孤食なので低栄養や偏食の人が多いため、スタッフが利用者に食事を出す時に、メニューと使っている食材の効能を説明することにしました。そうすることで、コミュニケーションの機会の確保と栄養指導になると考えたからです。

また、障害者の施設を訪れた時、そこの利用者が気軽に食事に行ける場所がないと話していたことから、障害のある人たちが安心して立ち寄れるように、駐車場や車椅子対応トイレを設置しました。カフェのスタッフのほとんどは介護の有資格者なので、介助が必要になればお手伝いも可能です。

子育て世代も応援したいと思い、子連れのママたちが周囲に遠慮することなくランチができるよう、キッズルームを完備しました。

テーブルや椅子などの家具は機能性を重視し、天然木の温もりと人に優しいエコロジー基準の家具を目黒の家具屋通りで探しました。地域に貢献するため、購入は近所の家具店からです。

カフェを地域に開放

さらに、一般の人も受講できる認知症予防カフェやカルチャー講座などを開催しています。ボランティアの先生なども加わって、講座を盛り上げてくれています。

商店街と協力して初めての夏祭もしました。カフェの駐車場で、焼きそば、ジュース、ビール、かき氷、綿あめの屋台を出しました。盛況だったのは、綿あめです。子どもたち自身で綿あめを作り、ほんとうに楽しそうにしていました。

雛祭には、お雛様を飾り、通行人に無料で甘酒を振る舞いました。

カフェを地域に開放することで、シャッター通りになっている商店街の活性化につながればと、いろんなイベントを企画しましたが、一時的に人が集まるものの、地域興しにはなかなかつながっていません。夢や理想に向かってチャレンジしても、必ず結果が出るとは限りませんが、とはいえ、夢も理想も描かないと実現しません。

だから、歩みは遅々としていてもあきらめないのです。私たちのカフェがあることで、地域のみなさんが喜ばれることを。

8. 介護離職をしても介護からは逃れられない

小室哲哉さんの会見で考えたこと

二〇一八年一月、ミュージシャンの小室哲哉さんが引退会見をした時、高次脳機能障害の妻の介護について語られていました。それを聞いて浮かんだ言葉は、「介護離職」です。

およそ年間一〇万人が、介護や看護が理由で離職していると言われています。

育児には終わりがありますが、介護は終わりが見えません。その**ストレスが、判断力を鈍らせ、本来であれば別の選択肢も考えられるのに、介護離職に追い込まれた人が多くいます。**

小室さんは会見で、「介護をする人のストレスを個人の問題としてのみ捉えるのではなく、社会の問題として受け止めることが必要ではないか」と問題提起をされました。

すでに、介護保険サービスを利用されているかもしれませんが、小室さんの介護負担を少しでも軽減できないものかと、介護保険制度から考えてみました。

妻のＫＥＩＫＯさんは当時四五歳なので、介護保険制度は利用できないと思われた人が多いのではないでしょうか。

介護保険は、六五歳以上の第1号被保険者と、四〇歳以上六五歳未満で医療保険に加入している第2号被保険者が対象となる制度です。保険給付が受けられるのは、介護を必要とする状態、日常生活を送るのに支障がある状態になった場合です。

第1号被保険者は、介護が必要になった病気、けがの原因を問わず給付が受けられますが、第2号被保険者は、加齢による特定疾病(脳血管疾患など一六疾患)が原因の場合に限られます。ＫＥＩＫ〇さんのような、四〇歳以上の脳血管疾患による高次脳機能障害の人は、障害者福祉サービスと等しい内容や機能を持つ介護保険サービスがある場合は、基本的に介護保険サービスを優先的に受けることになります。ただし、自立訓練や就労移行支援など、介護保険にないサービスについては、障害者福祉サービスを受けることができます。

つまり、ＫＥＩＫ〇さんは、介護保険の申請が可能なのです。

そして、要介護認定されれば、ケアマネジャーはＫＥＩＫ〇さんのニーズに沿ったケアプランを小室さんと一緒に考えて、介護サービスを利用できます。

そうなればサービス事業者がＫＥＩＫ〇さんに関わるので、小室さんは、孤独な介護から解放されるのです。

ところが、要介護認定を受けたとしても一つ問題があります。ＫＥＩＫ〇さんが、介護保険の高齢者を対象としたサービスになじめるかどうかです。

特にデイサービスなどは、高齢者に合わせたプログラムになっているので、六五歳未満の人にとっては、興味が持てない内容が多いのです。同年代の人でもいれば、共通した話題で会話を楽しむこともできますが、高齢者ばかりではそれも期待できません。何より、自分が高齢者の中にいる孤立感に悩まれます。

若年性認知症の人などをはじめ、六五歳未満の人が利用できる適正な介護サービスがないのが現状なのです。

さらに、高齢者を介護しているのであれば、介護の悩みを共有できる介護者サロンなどが地域にあります。しかし、ＫＥＩＫＯさんのような、比較的若い人を介護する家族などが相談できる場所は限られるのです。これでは、介護者はますます孤立し、介護うつや虐待のきっかけにもなりかねません。

幸いなことに、おそらく小室さんは経済的な余裕はあるでしょうから、ＫＥＩＫＯさんの希望に沿った自費のサービスを利用して、肉体的な負担を減らすことができそうです。それでも、何らかの精神的支援は必要でしょう。

介護離職の前の解決策

介護離職をしても、介護からは逃れられません。

むしろ、**離職すると介護負担が増加し、精神的、肉体的、経済的負荷がかかる**のではないでしょうか。離職後の再就職も希望がかなう保証はありません。

介護離職防止のヒントになるかどうかわかりませんが、私たちの施設ではここ二、三年、家族の介護が必要になった時を考えて、介護の知識と技術を学ぶために介護職を選んだという四〇代から六〇代のスタッフが増えています。

実際に親の介護に役立っているという意見をよく耳にします。

もし、介護離職を考えるのであれば、介護の職場に転職されるのも一つの方法かもしれません。介護の職場には介護だけではなく、介護事務や総務、営業、施設整備、送迎など、今までの経験を活かすことのできる周辺業務が多々あります。

事情によっては、自分の職場である施設を家族が利用すれば、安心して働くこともできます。そして、それは介護の職場のスタッフ不足の緩和にもつながります。

介護のことで悩んだら、まずは、一人で抱えず市町村区の介護保険担当窓口や地域包括支援センターに相談に行くことが大切です。

私たち社会福祉法人には、介護離職する前にいろいろな解決策があることを社会に発信していく使命があると、あらためて肝に銘じています。

コラム5　適切な介護度が出る介護認定の受け方

「要介護認定調査を受けたが、実際の状態より要介護度が低く出て、必要な介護サービスが使えない」という相談を受けることがあります。

その本人や家族などに詳しく話を聞くと、調査時にいつもとは違うことを言ったり行ったりした人が少なくありませんでした。

また、要介護認定は介護サービスの必要度を判定するものなので、病気の重さと要介護度の高さとが一致しないことがあるのを、理解していなかった人もいました。

要介護度は、認定調査員の聞き取り調査と主治医の意見書をもとにコンピューターにかけ(一次判定)、その結果と主治医の意見書に基づいて介護認定審査会委員が審査を行い、決定(二次判定)されます。

私は介護認定審査会委員として要介護認定の審査に携わっています。その経験から適切な要介護認定調査の受け方についてお話ししたいと思います。

1．本人に普段通りの状態を調査してもらよう事前に話しておきましょう。

いつもはベッドで横になって過ごしているのに、調査員が来るとがんばって片足立ちをする人もいますから。

2．本人が実情と違ったことを調査員に話すことがあるので、本人をよく知る家族などが付き添いましょう。

もし、家族などが本人の前で言いにくいことがあったら、本人のいないところで調査員に伝えたり、メモで渡したりすることも可能です。

3．本人が認知症で外出して帰れなくなった、調理をして小火を出した、暴言や暴力がある など、介護に要する手間がかかっていれば調査員に伝えましょう。

それらは特記事項に記入されるので、介護認定審査会は判定の参考にします。

4．使いたい介護サービスなどを調査員に伝えると、特記事項に書いてくれるので、よりニーズが伝わります。

5．主治医に意見書を書いてもらう時は、生活上のことや認知症で家族などが困っていることを具体的に伝えることが大切です。

それらが調査票に書かれてあっても、主治医の意見書に何も書いていないと、判定に悪影響を与えることがあります。

以上のようなポイントに注意をして認定調査を受けても、要介護認定の結果に納得がいかない場合は、不服の申し立てや区分変更申請をすることができます。

ただし、不服申し立ては次の結果が出るまで時間を要します。

適切な要介護度を認定されるには、いかにありのままの現状を正しく伝えるかにかかっているのです。

特に気をつけなくてはならないのは、自分で動ける認知症の人です。

身体介護がそれほど必要でないので、「要支援」になってしまうことがあります。しかし、実際は家族などに介護の負担がかかっていることが多々あるのです。「要支援」と「要介護」ではサービスの量や選択肢に違いが出ます。

そのためにも、日頃の生活で困ったことや気づいたことを記録しておくと役立ちます。

第6章

福祉介護の仕事の喜びと奥深さ

井戸端をイメージしたグループホームのテーブル（著者提供）

1.「さびしい高齢者」がくれた介護の仕事の喜び
2.「豊かな晩年だった」家族の言葉に支えられて
3.「根拠あるケア」の実践が認知症の症状を変える
4. 相手の見ている世界に寄り添えると
5. 施設は「安全だけでいい」わけがない
6. 超高齢者の超幸福

第6章では介護の仕事の醍醐味について書いています。

介護の仕事は、一言で言うならば、「生活する上でつまずきを感じている人への援助」です。であるからこそ、介護に携わるスタッフの価値観、観察力、専門性によって、利用者のQOL（生活の質）は大きく変化します。

つまり、利用者は、どのような介護者にケアされるかによって、人生の充実度に影響が出るといっても過言ではないように思います。

そして、介護を通じて人生に何らかの影響を受けるのは、実は介護者も同じなのです。

私は、この仕事を通して高齢者から多くのことを学び、人間的に成長しました。

どんな仕事にも悩みや課題はありますが、現状ばかりに目を向け理想を忘れると、やりがいを喪失してしまいます。だからこそ、利用者のつまずきを少しでも取り除けるように専門性を磨くことは、とても大切なのです。

悩みや課題を乗り越え、利用者と心が触れ合った時、私たちは、深い喜びと感動に充たされるのです。

1.「さびしい高齢者」がくれた介護の仕事の喜び

挨拶だけで喜ぶ利用者

「おはようございます」

デイサービスの利用者渡辺安子さん(80歳)に挨拶をすると、急に涙ぐまれました。驚いて、「何か失礼なことをしましたか」とお聞きすると、「家でずっと一人だったから、三日ぶりに声をかけてもらって、うれしくて」とおっしゃいました。挨拶をしただけで喜んで下さるさびしい高齢者がいるのを知ったのは、介護の現場にとびこんで間もなくのことでした。

私は知識も経験もありませんでしたが、尊敬する牧師からの誘いで、福祉介護の仕事に就きました。利用者の人生の最後の時を支える大切な仕事だ、愛のあるケアをしたい、と意気込んで転職したものの、それがいかに安易な決断だったかわかるまでには、時間はかかりませんでした。

多くの社会福祉法人は、行政や施設経営経験者などが中心となって施設を創設するのですが、私たちの場合は、経験者といえば栄養士と介護スタッフ数名でした。すべてが初めてで、何もかもが手探りだったのです。

介護保険制度導入の前でしたが、法的理解、書類作成、介護実技など傍にいて教えてくれる人もいません。遅くまで仕事をしてもはかどらず、一人施設に残って泣いていました。

その上、知識どころか認知症の人と接したことすらなかった私は、家に帰っても、認知症利用者がさっき言ったことを忘れて繰り返す「ごはんを食べていないの」という言葉が耳から離れず、精神的に追いつめられていきました。そんな時、**挨拶しただけで涙ぐまれた渡辺さんと出会い、介護の仕事の重みと喜びを知った**のでした。

あれからいろいろありましたが、今では私たちのグループホームは、利用者の終末期の看取り介護に取り組んでいます。利用者の吉谷久美さん(91歳)の家族から寄せられた「母の最期は病院ではなく、ここの施設で迎えさせたい」という強い希望がきっかけでした。

グループホームには看護師はいますが、二四時間常在しているわけではありません。そのため、スタッフの看取り介護に対する不安は強かったのですが、最後の時にどのように対応するか、協力病院の医師、看護師、家族と一緒に何度も話し合いをして「その時」に備えました。

そして、家族とスタッフとが一緒に吉谷さんを看取ることができました。眠るように逝かれた吉谷さんに付き添った家族から「ここの施設にいたから母は幸せだった。ありがとうございます」と何度も言われました。

関わったスタッフの心労は大きかったと思いますが、「吉谷さんの最後の時に立ち会わせていただき、ありがとうございます」と言ったスタッフの言葉を聞いて、私は胸が熱くなりました。自分の親族の死にも立ち会ったことのない若いスタッフが、看取り介護を通して人間的にもずいぶん成長したように見えました。

抱きしめたつもりが抱きしめられ

このように、介護の仕事は強い緊張感や不安を強いられる場面がありますが、感謝をいっぱいいただくこともあります。感謝だけではありません。感動もあります。

ある時、認知症を患っている川辺真子さん(83歳)の大きな叫び声が、浴室の方から聞こえてきました。あわてて行ってみると、川辺さんが「怖い。怖い。風呂には入らん」と言って介護スタッフの腕をつかんでいました。スタッフは二人がかりで、二週間入浴していない川辺さんの身体の清潔を考え、風呂に入るよう一生懸命説得をしていたのです。

私は川辺さんの傍に行って、目を見て呼吸と感情を合わせて「怖かったのですね」と抱きしめました。しばらく抱き合っていたのですが、川辺さんは私の背中に回していた腕をはずし、私の腕を持って「女は強くないといけん。強く生きていこうね」と言われたのです。私は思わず「はい」と答えました。結局、川辺さんはその日は入浴されませんでしたが、次の日、その言葉どおり「強い女」となって入浴されました。

利用者を抱きしめたつもりが抱きしめられ、慰めたつもりが慰められたのです。私は強い女になれる自信はありませんが、困難や試練があったとしても乗り越える勇気がわいてきました。

だから、介護の仕事の深みにはまっているのです。

2.「豊かな晩年だった」家族の言葉に支えられて

得意の計算力生かし、ゲームに誘う

田中道彦さん(68歳)は元銀行員です。認知症になって意欲がなくなり、一日中ボーッとされています。身体的には自立していますが、日常生活のほとんどは奥様の見守りと声かけで成り立っていました。

奥様は介護に疲れ、田中さんに昼間だけでもデイサービスに行ってほしいと懇願されましたが、田中さんは生活に変化を好まれないのでかたくなにサービスを拒否されました。業を煮やした奥様は、自分も同伴してデイサービスを利用することにされました。

田中さんは、なぜか毎回スーツ姿で来られます。後にシンボルであるスーツの意味がわかりましたが。

奥様がデイサービスにいらっしゃる時は、隣に静かに座っていらっしゃいますが、帰られた途端にそわそわされ、入口に向かって歩き始められます。

女性の利用者の場合、何回かサービスを利用されると自分からお友達を作っておしゃべりされるので、スタッフはそれほど関わらなくてもすみます。ところが、**男性の場合は、特に目的のない過ごし方や会話、人間関係をつくるのが下手**です。

その上、認知症になるとコミュニケーション能力が低下するので、ますます孤立してしまいます。スタッフは田中さんの興味のあること、得意とすることを情報収集して、職業柄計算に強いこと、そろばんができることに目をつけました。

そこで、脳トレの計算ドリルやそろばんをしていただくことにすると、その時間は集中して過ごすことができました。

しかし、みんなで行うゲームは、認知症のためルールを理解できません。それを悟られたくないこともあり、いろいろと理由をつけてゲームに参加されませんでした。

スタッフは点数を競うゲームの場合は、点数の計算を田中さんに担当してもらい、自信が持てるよう配慮しました。すると、計算が得意なので嫌がらないで参加されました。

ある日、デイサービスに、スーツ姿の中年の男性が見学に来られました。その男性を見るなり田中さんは、急に椅子から立ち上がり「仕事に戻らねば」と顔をこわばらせて言われ始めました。スーツ姿の男性を昔の上司と勘違いされた様子でした。そして、その日は一日中落ち着かれませんでした。田中さんにとってデイサービスは勤務先で、だからスーツ姿で来られていたのかもしれません。

その後、だんだんと顔なじみが増え、一人で来られるようになりました。日によっては、不安げに「家に帰りたい」と言われることもありましたが、その回数は減りました。

認知症の人は環境変化に弱い

奥様にとって田中さんがサービスを利用されている昼間が、唯一の休息の時でした。その奥様は無理がたたったせいか、とうとう体調を崩され入院となりました。

田中さんはしかたなく、デイサービスとは別の施設のショートステイを利用することになりました。一人で知らない施設に泊まらせることに対して、奥様はずいぶん心を痛められましたが、他の選択肢はありませんでした。

認知症の方にとって施設を替わることは、海外に移住するようなものです。

田中さんはショートステイを利用しましたが、食事を食べなくなり、奥様の退院を待たずに、亡くなられました。

認知症の人は環境の変化に弱いのです。特に男性の場合は、面倒をみてくれている奥さんと離れると、とたんに弱る人が少なくありません。

葬儀が終わって奥様がご挨拶に来られました。さぞかし落胆されていると思いましたが、「お棺には、スタッフさんからの誕生日カードと愛用のスーツを入れました。仕事一筋で趣味も友達もいない主人の晩年は、こちらを利用したことで、豊かになりました」と、思いがけない言葉をいただきました。

仕事に悩むとき、その言葉が今でも私を支えてくれています。

3.「根拠あるケア」の実践が認知症の症状を変える

ＰＤＣＡ（品質管理）サイクルで、認知症ケアを深める

私は、社会福祉法人の立ち上げから参画しました。福祉介護の知識や経験がなかったので、仕事をしながら資格を取得しました。

介護の仕事の魅力の一つは、無資格で仕事に就いても、やる気があれば資格、知識、技術を身につけることができ、それを現場に活かせることです。しかし、資格を取得し経験を積んでも、介護は医療のように明確な答えがなく、根拠を示せない場合が多いという面があります。

特に認知症の行動・心理症状（ＢＰＳＤ）と呼ばれる徘徊、抑うつ、暴言、暴力、妄想に対して絶対的な対処方法がないのが現状で、多くのスタッフは知識をもとに経験と勘でケアをしている場合が大半です。しかし、経験と勘だけに頼っていると、個々のスタッフによってケアにばらつきが出るだけでなく、利用者や家族に対して説明責任が果たせません。

介護には根拠が必要なのです。

そのため、**ＰＤＣＡサイクル（品質管理などの管理業務を円滑に進める手法）に認知症ケアを当てはめています。**

施設利用者の山本洋子さん（70歳）は、認知症を患っていましたが、あるとき耳にティッシュを

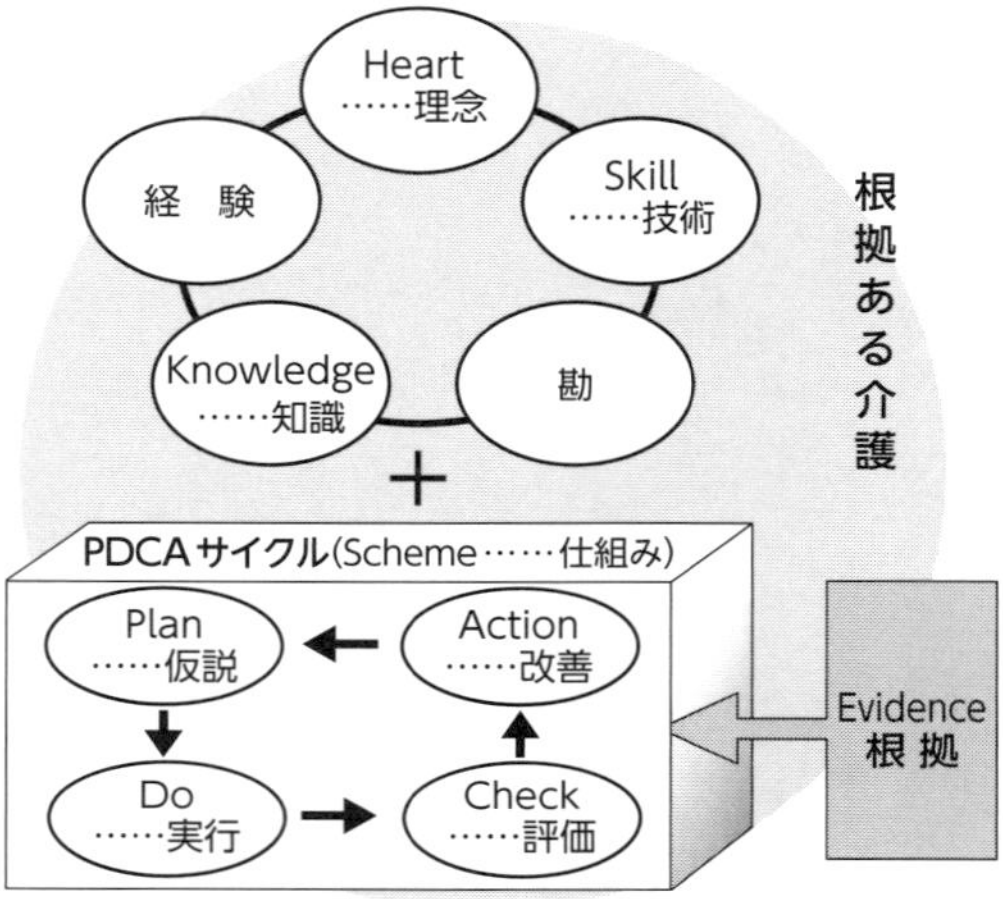

PDCA サイクルに基づいた介護の仕組み

詰めて窓から飛び出そうとしました。私たちは会議を開き、P(Plan この場合は仮説)をたてました。

耳にティッシュを詰めるのは、音に過敏なので騒がしいのが嫌だから、そこから逃げ出したかったのではないか。あるいは、希死念慮(死を願う気持)が原因で耳にティッシュを詰めて窓から飛び出したのではないかなどです。

それらのPから、山本さんが耳にティッシュを詰めた場合は、傍にスタッフが寄り添い、静かな環境を整えることにしました。そして、スタッフ全員でその介護経過を可視化して共有するための記録用紙を壁に貼って、書き込むようD(Do 実行)しました。

それを後日C(Check 評価)したのです。山本さんが耳にティッシュを詰めた時は、個別に時間を取って話を傾聴すると落ち着かれること。「不安になるとパニックになり自分でも驚くような行動をしてしまう」と山本さん本人が言われたことから、窓から飛び出すのは、希死念慮からくるものではないと判明しました。

そして、Ａ(Action 改善)に結びつけました。不安になる原因をさらに知るために、薬の影響や変更も含めて受診し、不安になる前のサインを利用者の表情や言動から見つけるだけでなく、笑顔になる背景も記録することにしました。

その後、山本さんは耳にティッシュを詰めることはなくなり落ち着かれました。

根拠を持てば変わる、介護の仕事の奥深さ

このようなＰＤＣＡサイクルを、介護の仕組み(スキーム)として構築すれば、スタッフは混乱せずに認知症の行動・心理症状に対処できます。さらに、利用者や家族に対して、介護過程を説明することもできます。

実は、この方法は画期的というわけではなく、今までも介護現場で行っていたことであり、それに根拠づけをしただけなのです。しかし、ＰＤＣＡサイクルを認識した上で利用者に関わると、すべての利用者の行動・心理症状が改善するわけではありませんが、スタッフ全員がＰ(仮説)に基づいてケアをＤ(実行)し、記録に書いていく過程で、何度も利用者が変化していく経験をしました。

これは、スタッフ全員が集中して利用者に意識を向けてケアをするので、その意識の集中が利用者に伝わって、行動・心理症状にいい影響を与えるのではないかと考えています。

そして、介護はＨ(Heart ハート)＝利用者への思いが肝で、Ｋ(Knowledge ナレッジ)＝知識を基

に、S（Skill スキル）＝技術とS（Scheme スキーム）＝仕組みと、最後に経験と勘でE（Evidence エビデンス）＝根拠のあるケアを実践することで、利用者や家族が安心する質の高いケアを提供できると思っています。

4. 相手の見ている世界に寄り添えると

現在がつらいと、輝いていた時に戻る

夜勤明けで帰ろうとした若い介護スタッフを呼び止めて「退室の挨拶がありませんよ」と施設の利用者野山ひとみさん(78歳)は注意をしました。

そのスタッフは「申し訳ありませんでした。お先に失礼します」と頭を下げて施設を後にしました。

施設に入居する前の野山さんは一人暮らしでした。ある時職場の人が自宅を訪ねたところ、きちょうめんできれい好きだった野山さんの部屋が、足の踏み場もないほど散らかっていたそうです。職場の人は異変に気づき、認知症という言葉が脳裏に浮かびました。しかし野山さんは「腰痛のためお部屋の掃除ができなかった」とおっしゃったので、その時はそれ以上踏み込むことはしませんでした。

ところが、その後も今までやっていた事務作業ができないことや、書類を何度も紛失することが続きました。認知症の早期発見は難しいのですが、職場の人は機転を利かして、本人を説得し一緒に受診をしました。そこで野山さんはアルツハイマー型認知症と診断され、施設入所となったのです。

野山さんは長年寮監をされていたせいか、施設は女子寮で、若い介護スタッフは女子学生だと思われていました。それで、スタッフの挨拶や言葉遣いがまちがっていると、諭すように注意をされます。内容も適切ですから、スタッフはそれをきちんと受け止めていました。

野山さんは結婚をされなかったので、子どもがおらず孤独な境遇でした。しかし、寮監をしていた時の教え子の人たちが施設に訪ねて来られるので、さびしさを感じている様子は見受けられませんでした。教え子の訪問の度にうれしそうに話をされていました。名前と顔が一致しているのかどうか定かではありませんでしたが。

教え子のみなさんは口々に「野山先生にはお世話になった。よろしくお願いします」と挨拶をされて帰られました。

認知症の中核症状の一つに見当識障害があります。自分の置かれている時や場所や人を正しく認識できなくなることです。私の接した**多くの見当識障害のある人は、自分の人生の中でいちばん輝いていた時に戻っておられました。**

では、どうして見当識障害のある人は、隆盛だった時代に戻るのでしょうか。

考えられることの一つに、**今のつらい現状からの逃避**があります。

野山さんも、わからないことばかりになった自分、できていたことができなくなった自分、誰からも必要とされなくなった自分に耐え切れず、寮監の時代に戻ったのではないのでしょうか。

現実に戻るためには、自分の居場所が必要

スタッフは、野山さんに「ここは施設で、私たちは学生ではありません」などと言って否定せず、野山さんの世界を理解しようとして寄り添いました。その結果、スタッフとの信頼は深まり、現実に戻ってくる時間が多くなったのです。

現実に戻るためには、自分の居場所が必要です。そこで、野山さんに花の水替えや歌の指導をお願いしました。役割があることでここにいてもいいのだと安心してもらうためです。

時間をかけて野山さんは現実を生きるようになったのですが、病気にかかり寝て過ごす時間が多くなりました。つらいことはいろいろあったのではないかと察しますが、愚痴を言わず微笑みを絶やすことはありませんでした。

野山さんは最後の時をどのように生きればいいか、私たちにお手本を示して、静かに天に召されました。見送ったのは、教え子の人たちでした。

葬儀の時、教え子の一人が「野山先生は、施設で過ごしていた時がいちばん幸せだったと思います。あんな穏やかな表情をした野山先生を見たことがありませんでしたから」とぽつりと言われました。

その含蓄のある言葉を、私は何かにつけて思い出し反芻するのです。

5. 施設は「安全だけでいい」わけがない

介護に対する思いを施設建築で表現する

初めて施設建築に関わったのは一九九七年のことでした。福祉介護に関して知識や経験がないのに、建築会議で図面を見せられ意見を求められても、せいぜい床や壁の色など希望を述べるのが精いっぱいでした。

それから九年後の二〇〇六年、新たに施設を建てる機会に恵まれました。最初の施設をオープンした後、私は、さまざまなところに行って福祉介護を学び、いろいろな施設を見学しました。多くの高齢者と接し、介護に対する思いもつのりました。

そして、新しい施設は、**介護に対する思い（ソフト）を建物（ハード）として表現したい**と考えるようになったのです。

私は、**高齢者が自分の一生を振り返り肯定して受け入れるには、最後のステージの過ごし方がとても大切**だと考えています。前半の人生がいくら人や物に恵まれて幸せでも、最後の時に自由がなかったり、さびしかったり、尊厳が守られなかったとしたら、悔いなく人生を閉じられるでしょうか。

しかし、介護をする側からすれば、どうしても**安全をいちばんに考え過ぎて、**利用者の意欲、

個性、自尊心を削いでしまうことがあります。私は、たとえ転倒リスクがあっても、自分で歩きたいと利用者が希望されれば、それを支援したいのです。

いつも見守られるのではなく一人の空間も大切にしたいのであれば、その環境を整え、不安で誰かの側にいたいと言われるのであれば寄り添う、そんな介護をしたい――。新施設にはそんな思いをちりばめました。

外観は、コンクリートの打ちっぱなしです。以前他のグループホームで火災があり、利用者が亡くなられたことを考え、火災や災害に強いことを優先したので安心です。

一階に、小規模多機能ホームがあり、二階はグループホームです。外観は、スタイリッシュでクールなのですが、中に入ると高齢者が懐かしくなる長屋をイメージした軒下があります。

フロアの中央には階段があります。この階段は、あるスタッフから「利用者が落下する危険性があるので、見えない場所に移動したほうがいい」という意見が出ました。

ところが、別のスタッフが「階段には夢がある。二階には何があるのだろうと上がってみたくなる」の一言で、フロアの中央に決定しました。私たちは、利用者の夢を支える介護がしたいと思ったからです。

個室のドアは、サイコロの目をイメージしたデザインにしました。1号室には、サイコロの目が一つあります。2号室、3号室とサイコロの目が一つずつ増えていき、その目を数えることで、自分の部屋を認識し、脳トレができるように工夫をしています。

トイレは、利用者の身体の状況に合わせて、背もたれ、ファンレストテーブル(前傾姿勢支持テーブル)、手すりのどれかがあるトイレを選択できます。

男性の小便器も設置しました。立って小便器を利用することは、男性の尊厳につながると考えたからです。

二階のグループホームには、私たちが井戸端と呼んでいるテーブルがあります。このテーブルは中央がくり抜かれていて、そこに強化ガラスがはめ込まれ、一階を覗き見ることができます。天井には天窓があり、人恋しい時はこのテーブルを囲んで、昔を偲んでひなたぼっこや井戸端会議ができたらいいなと思いました。

この施設がオープンして一〇年以上経ちますが、実際には、夢のある階段はスタッフ専用で、利用者はエレベーターを使用しています。すべてが理想どおりに活用できているわけではありません。

常にハードの使い方を見直して、尊厳ある介護への思いを問い続けたいと思います。

6．超高齢者の超幸福

老年期の幸福の秘訣を先人に学ぶ

この二、三年、私の中の高齢者のイメージに、劇的な変化＝パラダイムシフトが起こっています。

今までは、年を取ると「心身の健康」「経済」「家族・社会とのつながり」の喪失を体験するという否定的な面ばかりが強調されており、私もそれに対して違和感がありませんでした。しかし、**九〇歳以上の超高齢者が増加し、実は幸せを感じている方が多くいる**ことに気づかされたのです。

先日も高齢者の集会で、八五歳以上の方々に幸せかどうかをお尋ねすると、口ぐちに幸せといわれるのです。「どのような時に幸せですか」とお聞きすると、「朝起きた時、今日も生かされていると感じる」とか、「孫と話をしている時」と、日々の生活の小さな出来事に喜びを感じていらっしゃるのです。集会に参加されるほどの健康と環境に恵まれている高齢者だから、幸せを感じていらっしゃる方が多いのかと思うと、そうでもないのです。

要介護状態で施設入所をされている小泉悦子さん(94歳)は、「私は幸せだった。今までの人生で出会った人はいい人ばかり。運がよかった」と言われます。

高齢なので家族や友人などもほとんどいなくなり、孤独を感じても不思議はありませんが、今の自分の状況を肯定的に受け止めて、感謝の言葉を再々言われます。

山口有次さん(97歳)は、自立して生活されていましたが、急に体調を崩し入院をして身体面も介護が必要になりました。そして、高齢のため治療ができないと医師から言われました。しかし、お見舞いに行くと、淡々として「忙しいのに、わざわざ来てくれて申し訳ない」と、私たちを気づかわれました。

孤独に強く、過去に悔いを残さない

昔から尊敬できる高齢者はいましたが、現在のように長生きをする高齢者が少なかったため、希少だったように思います。

従来の高齢者の幸せは、精神も肉体も能力においても最後まで現役でいることでしたが、社会学者のトルンスタムは、超高齢者になると、老化にともなう衰えを否定的にとらえず、**あるがままを受け入れ、日常の小さなことに幸せを感じて、今に感謝する心を持つ「老年的超越」に達することがある**と言っています。

すべての超高齢者が老年的超越の境地に達するとは考えられませんが、そのような超高齢者がいらっしゃることに励まされます。今の高齢者は、超高齢社会を生きた模範とするモデルがいないので、手探りで生きていらっしゃいます。しかし、私たちにはモデルがいます。そのモデルの方々から老年的超越に達する秘訣を探ると、共通した特徴が見えてきます。

超高齢になって幸福度の高い方は、日常のささやかなできごとに感謝をしています。自分の置かれた環境の足りないところを数えて、不服を言われることはありませんので、自然と人が集まりさびしくありません。人に依存せず、孤独に強いのです。高齢になると時間がたっぷりあるので、一人の時間をどのように楽しむかによって幸福度は左右されます。

また、何事にもこだわらない人は精神的に自由です。こだわりの強い人は、そのこだわりに縛られてしまいがちです。さらに、過去に悔いを残していなければ現在を穏やかに過ごせます。

私は、幸福度の高い超高齢者を見習って、ささいなことにも幸せを見つけて感謝し、一人の時間を楽しめるような趣味をつくり、人や物や自分の考えに固執せず、謝罪すべきことはすぐに謝罪して、悔いのない日々を過ごせるトレーニングを今から実行しようと思っています。

目標は、「チョー幸せ」と言って人生の幕を下ろすことです。

第7章

介護の世界に飛び込んで

サービス付き高齢者向け住宅ハレルヤの外観（著者提供）

第7章は私が福祉介護に携わるようになった経緯について書いています。

私ごとに紙幅を割くのは恥ずかしくて恐縮してしまいますが、どうして認知症高齢者の尊厳について考えるようになったのかを理解していただくためには、外せないと考えました。

私はクリスチャンですから、人間観やケア観は聖書が基盤となっています。

私の勤務する施設の壁には、イエス・キリストが弟子たちの足を洗う絵が掛けてあります。

その絵には、イエスさまが十字架にかけられる前にすべての弟子の足を洗っている様子が描かれています。その中にはイエスさまを裏切ったユダもいました。

当時は足を洗う行為は奴隷の仕事でしたが、イエスさまは弟子たちの前に膝を屈めて足を洗ったのです。頭とか手ではなく、汚れている足だからこそ洗う必要があったのかもしれません。

師であるイエスさまは弟子の足を洗うことで、互いに足を洗うように教えられました。

そして、ユダの足をも洗うイエスさまの愛と謙遜は、今日も「あなたも病や孤独や貧困で哀しみを抱えている人の足を洗う者になりなさい」と、私に迫るのです。

1．素人の私が福祉の世界に飛び込んで（上）

すべてが暗中模索の日々

一九九七年のある日、法人の初代理事長でもある小宮山林也牧師から一本の電話がありました。「社会福祉法人は認可されたが、新しく作る施設で働く人がいないので手伝ってほしい」当時、私は簿記とビジネスマナーの講師をしていましたが、クリスチャンなので、**敬愛する牧師の頼みであればと、何も知らない福祉の世界に飛び込んだ**のでした。

社会福祉法人呉ハレルヤ会は、呉市および近郊のプロテスタントのキリスト教会が協力して、高齢者のためにキリストの愛で仕えたいというミッションを持って設立されました。

社会福祉法人の認可を得るための書類は煩雑で膨大でしたが、無謀にも、手探りで申請にチャレンジしたのです。

たいへんだったのは書類作成や事務手続きだけではありません。資金集めもたいへんで、全国の有志から寄付を募り、チャリティーコンサートも開きました。

さらに困ったのは、施設を運営するためのノウハウや人材がなかったことでした。けれども問題が生じるたびに、解決の道も開けました。同じプロテスタントの教会が母体である社会福祉法人のみなさんが私たちに手を差し伸べて、施設運営のノウハウを伝授してくれたのです。

そして、多くの人の祈りと支援によって社会福祉法人の認可はおり、一九九八年ケアハウスとデイサービスを開設したのでした。

私は相談員となって利用者のケアや事務全般を担当することになりました。

ケアハウスが自立度の高い六〇歳以上の人が対象の施設であったことは、介護の知識や経験のない私たちにとっては幸いでした。特別養護老人ホームのように重度の要介護者を介護するわけではないので、介護技術や医療知識の専門性がそれほど求められなかったのです。

施設は呉市の中心にあって市役所、保健所、病院、銀行、商店街などが徒歩圏内にあります。アクセスがいいので、ケアハウスは開設と同時に満室になりました。

また、デイサービスは介護保険制度前だったので、行政からの委託で軽度の利用者にサービスを行い、利用者確保の必要性はありませんでした。

とはいえ、何もかも初めてなので、すべてが暗中模索の毎日でした。

今ほど介護施設は多くなかったので競合することはありませんでしたが、経験のなさを知識で埋めようと、研修や講演会、施設見学などあらゆるところに出かけて研鑽を積みました。

そして、二〇〇一年に呉市の委託事業である在宅介護支援センターを、二〇〇四年にケアマネジャーの資格を取ったので、居宅介護支援事業所を開設しました。

事業は順調に軌道にのり、私の責任は一応果たせたように思えました。

大学院進学が決まった矢先に

そうなってみると、さまざまな仕事上の悩みから、当初のモチベーションを保てなくなり、少し仕事を離れこれからの自分について考えてみたいと思うようになりました。

さすがに、ぶらぶらするわけにもいかず、苦手な経営について学んでみようと、一年でＭＢＡ（経営学修士）が取得できる法政大学大学院の試験を受けることにしました。

自信はありませんでしたが、めでたく試験に受かった私は、四月から東京で学生生活をするための準備を始めていました。

ところが、突然思いがけないことが起きたのです。

離職者の続出です。そして、理事長から「施設長の辞表を受理したので、大学院の進学のことは知っているが、施設長に就任してほしい」と、要請があったのです。

理事長はいろいろ手を尽くし新しい施設長を探したそうですが、急なことで適任者がおらず、私に施設長がまわってきたのでした。

そもそも私は人の上に立つ器ではないので返事に窮していました。

すると、理事長からは「大学院に進学しなさい。**これからの福祉には必ず経営の知識が必要になってくる**から。あなたなら両立できるよ」と、考えも及ばぬドラスティックな言葉が返ってきたのです。

もし、ここで施設長を引き受けなければ、みなで苦労して開設した施設が閉鎖になるかもしれない――。そう思った私は、おそるおそる理事長の言葉どおり、施設長と大学院生を両立することを決心しました。

そんな私に待っていたのは、今まで以上に激動の一年でした。

の求人でした。

2. 素人の私が福祉の世界に飛び込んで（中）

ケアハウス施設長と大学院生両立　怒濤の一年

二〇〇五年、施設長と大学院生を両立する決断をした私がすぐに取りかかったのは、スタッフの求人でした。

半分以上スタッフが辞めてしまっていたので、私は沈みかけた船に乗ってしまった船長のような気分でした。出港したからには陸には戻れないと自分に言い聞かせ、残ったスタッフとともに新たなスタッフの採用を始めました。

今のような求人難であれば沈没したかもしれませんが、当時はまだ介護スタッフの求人を出すとかなりの数の応募があったのです。現場のサービスに支障がないよう派遣のスタッフを利用しながら、慎重にスタッフの採用をしました。

大学院に通うために水曜日から金曜日の午前まで東京にいて、金曜日の夕方から週明けの火曜日までの五日間、施設長として働きました。東京までの新幹線の往復の車中が唯一の休息の場であり、大学院の課題作成の時間でした。私が東京にいる間は、留守の施設を今はなき伊藤正泰理事が守って、私の学びを応援してくれました。

ところが、私にとって大学院の講義は、乳飲み子が離乳食なしに固形食を食べるようなものだったのです。英語のレポートを読んで次の週に発表するように言われた時は、頭が真っ白になりました。私の能力では発表どころか英語を訳すことさえおぼつかなかったのです。

すると、困っている私に学友が英語の翻訳ソフトの使い方を教えてくれ、それで大意を摑み、発表することができました。

そして、何より修士論文の指導を担当して下さった大村和夫教授（当時）が私の立場を理解して、出席できない講義などについて、手厚くフォローしてくれたのです。

そんな教授陣や学友、理事長やスタッフの支えで大学院を一年で卒業することができました。

ところが、大学院を卒業してほっとしたのもつかの間、**佐藤孝義理事長が「これからの福祉には経営の知識が必要」と言った通りのことが起きた**のです。

呉市が介護施設の公募をしたのです。

ちょうど私たちはケアハウスの入居者のために、要介護になっても安心して暮らせる施設を近場につくりたいと願っていました。ケアハウスは身の周りのことが自分でできる人が対象の施設ですが、認知症になる人もいて、さまざまな問題が発生していたからです。

というわけで**小規模多機能型居宅介護とグループホームの公募に応募**することにしたのですが、公募ですから事業計画書は必須です。なんと、私が大学院で学んだ知識がこんなにも早く役立つ時が来たのです。その結果、**両方とも一位指名をいただき、念願の新施設が二〇〇七年に開設したのでした。**

大事な入札前夜、なんと大ケガ

しかし、施設がオープンするまですべてが順調に運んだわけではありません。

私は、生涯忘れられないであろう失敗をしたのです。

建築業者を決める入札の前夜、夜中に家で目が覚めると体が宙に浮いて、階段のいちばん上から落下したのです。すぐに救急車で運ばれ、頭部打撲、左肩と肘の粉砕骨折という診断を受けました。当然入札には立ち会えず、周りの人に大変な迷惑をかけました。

実は、施設長に就任して初めて、施設建築のため補助金の手続きをしたのですが、予定日になっても、補助金の内示が下りていませんでした。内示がないと入札はできず、工事に取りかかれません。このままでは工期が遅れ、その結果補助金はもらえなくなってしまうと、私は思い悩み、自分を追い詰めていたのでしょう。

そして、やっと補助金の内示が下りて入札だとほっとして床についたところ、なんと階段から落下したのです。生まれて初めての手術と三週間もの入院を余儀なくされました。その上、手術前に医師に呼ばれ「あなたの血液は凝固しにくいのです。このたびの手術は行いますが、退院したらすぐに血液内科のある病院を受診して下さい」と言われました。

その時の私は、大事な入札に穴をあけ自責の念にかられていました。さらに、左腕の激痛と手術への不安を抱えながら、トイレにも行けず寝たきりの状態でした。

3. 素人の私が福祉の世界に飛び込んで（下）

大ケガで知った介護される側の気持

その後、心配していた出血もなく、左肩と肘の手術は無事に終わりました。左腕に障害が残ると言われましたが、リハビリの成果で、支障なく生活を送ることができています。

退院後、血液内科で血友病の疑いがあると言われ通院しましたが、不思議なことに一年後には正常値に戻りました。

通院にはクリスチャンの友が付き添ってくれました。大学病院で一人ぼっちで順番を待つ陰気な時間を考えると気分が沈みましたが、それを察してか、いつも彼女が傍にいてくれたのです。

また、どうして階段から足を踏み外したのかと度々聞かれましたが、夜中に目がさめると身体が宙に浮いていて、落下したとしかいいようがないのです。

そのため、私は長い間眠ると自分の意思とは関係なく身体が動く恐怖に苛まれました。

その原因をいろいろ調べましたが、強いストレスを受けてレム睡眠行動障害を起こしたのではないかと、自分なりの答えに到達しました。

振り返ってみると、これまでの私は他人の手助けを必要とすることがなかったので、介護される側の本当の不安とつらさをわかっていなかったのです。

けれども、そのアクシデントがあったからこそ、介護される人の気持をより身近に想像できるようになりました。

そして、二〇〇八年、広島県から推薦を受けて、認知症介護指導者となりました。

その頃から、**「人格が壊れる」と言われている認知症の人の尊厳を、どうすれば回復できるだろうかと、真剣に考え始めた**のです。

そこで、二〇〇九年新たに認知症対応型デイサービスをオープンすることにしました。

すでに定員三〇名の一般のデイサービスを実施していたので、認知症ゆえに孤立して利用を取りやめ、どこにも行けずに難民となった人たちを多く見てきたからです。

認知症対応型デイサービスは定員が一二名ですが、スタッフは三人以上います。そのため、一人一人の利用者に合わせた個別ケアを提供できるので、認知症の人にとって効果的なサービスだと自負していました。

そして、できるだけ薬に頼らずケアによって認知症を緩和、あるいは維持したいと考えました。

ところが、このデイサービスにはなかなか利用者が集まりません。

認知症の親を持つ家族からすると、一般のデイサービスも利用できますから、認知症の人ばかりの施設には行かせたがらない傾向があるのです。

その上、ケアマネジャーにも、利用者本人や家族に対して認知症専門のデイサービスを勧めることには抵抗があると言われました。

しかし、苦戦しましたが（今もそうです）、他の事業所を利用できなかった認知症の人が、喜んで継続利用されるのを見てこの事業所の意義を確信しました。

安心して認知症になれる社会が来ることを信じて

尊厳を守るケアとは、私たちの法人理念、聖書「人にしてもらいたいと思うことを人にもしなさい」にもあるように、**嘘をつかない、ごまかさない、誠実に、相手に対して敬意を持ってケアをすること**だと。

私たちも以前は、認知症の人はすぐに忘れるので不安を取り除こうという思いから嘘を言っていたことがあります。認知症の人が感情で記憶していることを知らなかったのです。

それが認知症の人の人格を否定し、信頼を失うことにつながるとは気づきもしませんでした。

また、認知症になったからといって幼児に戻るわけではないので、人生の先輩として敬うことが大切なのです。

高齢者の細胞の中には経験と知恵の暗黙知が息づいているのです。敬意を持って接しないと自尊感情が低下し、認知症は進行します。

認知症の人に限らず、がんなどの重篤な病気の人に対しても、人として誰にでも同じ関わり方をすることは当然なのです。

そんなあたりまえが通用しない現実がありますが、そこにとどまっているわけにはいきません。

私たちは二〇一三年にサービス付き高齢者向け住宅（サ高住）、グループホーム、地域に開放したカフェを、続いて二〇一七年に東京の荻窪で訪問看護ステーションを開きました。

私はこの二〇年間で多くの認知症の人と接し、人生を学びました。

そしてそれを糧にアクシデントから復活しました。私は、**認知症の人だけでなく、その家族や介護現場で働く私たちの尊厳も守られるケアの実現**を夢見て前進していきます。

そう遠くない日に、安心して認知症になれる社会が来ることを信じて。

おわりに

初めてウェブサイト「ニュースソクラ」の土屋直也編集長とお会いした時、「両親の介護で悩み、それに答えてくれる本を探したが見当たらなかった」と、言われました。

そして、「もっと早く自分に認知症の知識があれば現状は変わっていたのかもしれない」と話されたのです。

私は多くの介護者から同じような言葉を聞いていました。

そして土屋編集長は私に、そんな介護者のためにコラムを書くことを提案されたのです。

認知症ケアに対する思いは紙面に書き尽くせないほどあるのですが、困ったことに私は書くことは得意ではありません。

そんな私の背中を押してくれたのは、恩師である法政大学大学院の大村和夫前教授でした。

二〇一七年七月、コラム「尊厳ある介護」は、ニュースソクラにアップされ、さまざまな反応がありました。特にヤフーニュースへの書き込みには、曲解された受け止めや悪意とも取れる内容がありました。

いちばん悲しかったのは、その書き込みの多くが、介護関係の従事者と思われる人たちからだったということです。

しかし、それほど介護現場が荒んで疲弊しているのであれば、むしろそんな人のためにもコラムを書かなければと、私は自分を叱咤激励しました。

その一方で、東京荻窪の訪問看護ステーションには「まるで私のことが書かれているみたい。介護で苦しんでいるのは自分一人でないことがわかった」など、読者から励ましのお電話もいただきました。

さらに、私の職場では二週間に一度、一五分程度でスタッフ全員に一回分のコラムを読んで研修報告書を書いてもらうようにしました。

当初は一部のスタッフから「読む時間がない。いつまで続くのか」との意見もありましたが、継続は力です。今ではそのような発言は聞かれなくなり、認知症に対する共通理解が深まりました。

そして、実はスタッフの研修報告書で勇気づけられ、恩恵を受けたのは私の方でした。

それから二年近くが過ぎて、コラム「尊厳ある介護」は一冊の本となって出版されることになりました。

ここまでに来るには、ほんとうに多くのみなさんの祈りと支えがありました。

大村先生は「書くことで違った世界が見えてくる」と、近視眼的な私の目を開いて下さいました。

迷いそうになった時は、土屋編集長の「このコラムで、介護の世界が変わる」という言葉を何度も反芻しました。

また、クリスチャンへと導いて下さった故インマヌエル呉教会伊藤正泰牧師、天職とも思えるこの道へと誘って下さった前理事長の小宮山林也牧師、どんな時でも変わらず祈って下さる佐藤孝義理事長、児玉雪江理事、内山忠信理事、長年ボランティアとして奉仕をされている河上啓子さん、法人創設時に右も左もわからぬ私たちに手を差し伸べて下さった日本キングスガーデン連合の泉田昭会長と皆さま、日常に埋没していると覚醒を促して下さる法政大学大学院小川孔輔教授、個人情報の倫理的配慮についてご助言下さった広島県老人福祉施設連盟本永史郎副会長、広島県介護福祉士会廣山初江前会長、全国軽費老人ホーム協議会中川勝喜常任理事、出版のために労して下さった岩波書店の伊藤耕太郎さん、中本直子さん、まだまだなんと多くの人に感謝を伝えなければならないことでしょう。

この本が、介護に疲れ暗闇の中にいる人に、ひとすじの光となって届くことで報いたいと思います。

そして、私のような小さな者に目を留めて、力を与えて下さった神さまに「ハレルヤ」、感謝します。

二〇一九年春

里村佳子

里村佳子
社会福祉法人呉ハレルヤ会呉ベタニアホーム統括施設長。法政大学大学院イノベーションマネジメント(MBA)卒業、広島国際大学臨床教授、前法政大学大学院客員教授、広島県認知症介護指導者、広島県精神医療審査会委員、呉市介護認定審査会委員。ケアハウス、デイサービス、サービス付高齢者住宅、小規模多機能ホーム、グループホーム、居宅介護事業所などの複数施設の担当理事。2017年10月に東京都杉並区の荻窪で訪問看護ステーション「ユアネーム」を開設。
Webサイトニュースソクラにコラム『尊厳ある介護』を連載中。

尊厳ある介護――「根拠あるケア」が認知症介護を変える

2019年5月15日　第1刷発行
2023年12月25日　第5刷発行

著　者　里村佳子《さとむらよしこ》

発行者　坂本政謙

発行所　株式会社 岩波書店
〒101-8002 東京都千代田区一ツ橋2-5-5
電話案内 03-5210-4000
https://www.iwanami.co.jp/

印刷・理想社　カバー・半七印刷　製本・松岳社

ISBN 978-4-00-023739-0　Printed in Japan